Zahlenzauber 1

Mathematikbuch
für die Grundschule

Erarbeitet von
Bettina Betz, Ruth Dolenc-Petz,
Hedwig Gasteiger, Helga Gehrke,
Petra Ihn-Huber, Ursula Kobr, Gerti Kraft,
Christine Kullen, Elisabeth Plankl,
Beatrix Pütz, Karl-Wilhelm Schweden

Illustriert von
Mathias Hütter
Kristina Klotz

Oldenbourg

Inhaltsverzeichnis

Unsere Zahlen
Im Zauberwald 4
Als Zahlendetektive unterwegs 6
Zählen in unserer Klasse 8

Figuren und Muster
Figuren und Muster legen 10

Zahlenblick
Schüttelschachteln 12
Viele Schätze schnell gezählt 14
Zahlen blitzschnell erkannt 16
Immer 10 18

Orientierung im Raum
Rechts oder links – vorn oder hinten ... 20
Schöne Dinge sammeln und ordnen 22

Bist du fit? 24

Zahlen vergleichen
Weniger – mehr /
Größer – kleiner – gleich 26
Zahlen stechen 28

Plus und minus bis 10
Dazulegen oder wegnehmen 30
⊕ und ⊖ rechnen / Platzhalter 32
Würfeln / Tauschaufgaben 34
Kegeln / Umkehraufgaben 36

Sachrechnen
Rechengeschichten 38
Adventskalender 40
Auf dem Weihnachtsmarkt 42

Plus und minus bis 10
Plusaufgaben bis 10 44
Minusaufgaben bis 10 46
3 Zahlen – 4 Aufgaben 48

Bist du fit? 50

Flächenformen
Eckig oder rund 52
Flächen sortieren 54

Plus und minus bis 10
Links und rechts – immer gleich viel ... 56
Dominosteine vergleichen /
Rechnungen vergleichen 58

Rechnen mit Geld
Unser Geld: Euro (€) 60
Einkaufen und bezahlen 62

Plus und minus
Zahlenmauern 64
Zahlen verzaubern 66

Flächenformen
Kunst aufräumen 68

Sachaufgaben
Rechengeschichten erzählen und rechnen . 70

Bist du fit? 72

Die Zahlen bis 20
Zehner und Einer 74
Zahlenstraße bis 20 76
Wir knoten uns ein Zwanzigerseil 78
Den Zahlen bis 20 auf der Spur 80

Plus und minus bis 20
Verwandte Aufgaben 82

Spiegeln / Kombinieren
Mit dem Spiegel zaubern /
Viele Möglichkeiten 84

Plus und minus bis 20
Verdoppeln und halbieren 86
Nachbaraufgaben und Rechenfamilien 88
Rechnen über die 10 90

Rechnen mit Geld
Kleines Geld: Cent (ct) 92

Sachaufgaben
Fragen und Antworten 94
Rechengeschichten sammeln 96

Plus und minus bis 20
Rechenwege und Rechentricks 98

Bist du fit? 100

Lagebeziehungen
Wege zum Piratenschatz 102

Zahlenstrahl und Murmelsack
Vorwärts und rückwärts auf
dem Zahlenstrahl 104
Rechenrätsel mit Murmeln 106

Spiegeln
Fensterbilder / Eine Hälfte genau wie
die andere? 108

Wahrscheinlichkeit
Wahrscheinlich – unmöglich 110

Plus und minus bis 20
Rechendreiecke 112

Zeit
Kennst du die Uhr? 114

Mathematische Spiele
Spiele aus China und Japan 116
Mathe-Spielefest 118

Bist du fit?
Abschied von der 1. Klasse 120

Auf geht's zum Hunderter 122

Zum Vorlesen

Habt ihr schon einmal das Haus gesehen, das in der Nähe des Eulenfelsens im Wald steht? Über dem Haus flattert Eulalia und hält Ausschau nach Simsala und Bim, den Bewohnern des Häuschens. Eulalia ist eine Eule, aber eine besondere Eule. Sie kann lesen, malen, schreiben, sprechen und – ja, und rechnen.

Die Zauberkinder Simsala und Bim haben ihr einen Brief geschrieben.

Liebe Eulalia,
besuche uns bitte schnell. Wir haben im Wald ein seltsames Buch gefunden mit vielen Zahlen, Kreuzen, Punkten und Strichen. Bim meint, dass es ein Rechenbuch ist. Aber was bedeuten die vielen Zahlen und Zeichen? Bitte hilf uns!
Bis hoffentlich bald
Simsala und Bim

Kommt mit ins Land des Zahlenzaubers!

Jippie, nun kann das Abenteuer losgehen!

Endlich erblickt Eulalia hinter dem großen Apfelbaum Simsalas grünen und Bims blauen Zauberhut.
„Hallo, haaaalloooo!", ruft Eulalia den Kindern zu, „jetzt sehen wir uns in der Welt der Zahlen um!"
Simsala und Bim sind begeistert.
„Jippie", rufen sie, „nun kann der Zahlenzauber losgehen!"

Im Zauberwald

① Wo befinden sich die Tiere? Beschreibe genau.

       oben   unten   rechts   links   zwischen

② Wo ist der Schlüssel ?

③ Erzähle etwas über:

④ Zähle und schreibe auf:

Als Zahlendetektive unterwegs

1 Wo entdeckst du Zahlen? Was bedeuten sie? Erzähle.

2 Schreibe die Zahlen.

 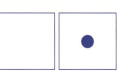 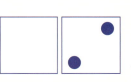 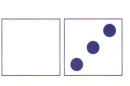 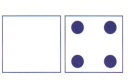

③ Spure die verzauberten Zahlen nach.

④ Male ein Bild zu deiner Lieblingszahl.

Meine Lieblingszahl ist die 3.

⑤ Erstelle eine Liste mit wichtigen Zahlen von deinen Freunden.

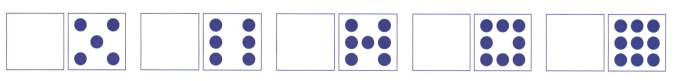

Zählen in unserer Klasse

AH S. 8

 1 Schaut euch das Bild an. Erzählt und zählt.

2 Beschreibt, wo einzelne Kinder stehen.

| hinter |
| vor |
| neben |
| zwischen |

Diese Wörter helfen dir.

 3 Überprüft die Strichliste.

👧	👦
ⅢⅠ ⅢⅠ Ⅰ	ⅢⅠ ⅢⅠ ⅠⅠⅠ
11	13

④ Viele Fragen:
– Wie viele …

Brillen	Kappen	blaue Hosen	lila Oberteile	
| |				
2	___	___	___	___

⑤ Erstellt für eure Klasse Strichlisten.

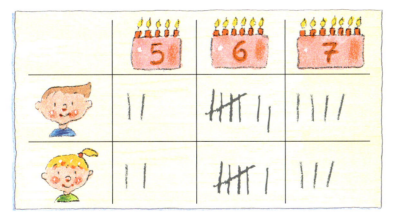

⑥ Was könnt ihr alles ablesen?

Auf einen Blick – toll!

Erstellt gemeinsam ein solches Schaubild für eure Klasse.

⑦ Zählt im Klassenzimmer.

Figuren und Muster legen

① Lege nach.

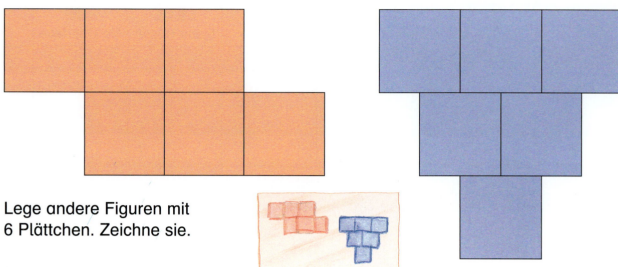

Lege andere Figuren mit 6 Plättchen. Zeichne sie.

② Immer 7 Plättchen

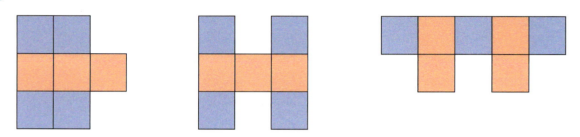

Lege andere Figuren mit 7 Plättchen. Zeichne sie.

③ Immer 8 Plättchen

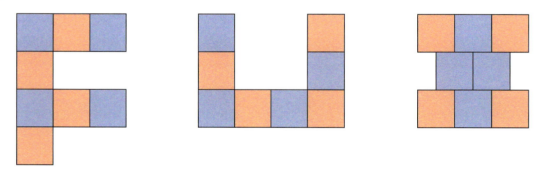

Lege andere Figuren mit 8 Plättchen. Zeichne sie.

④ a) Erfindet Figuren mit 4, 5, … Plättchen. Zeichnet sie.

b) Sortiert die Figuren und klebt sie auf Plakate.

(5) Lege die Muster mit den Plättchen nach. Setze sie fort.

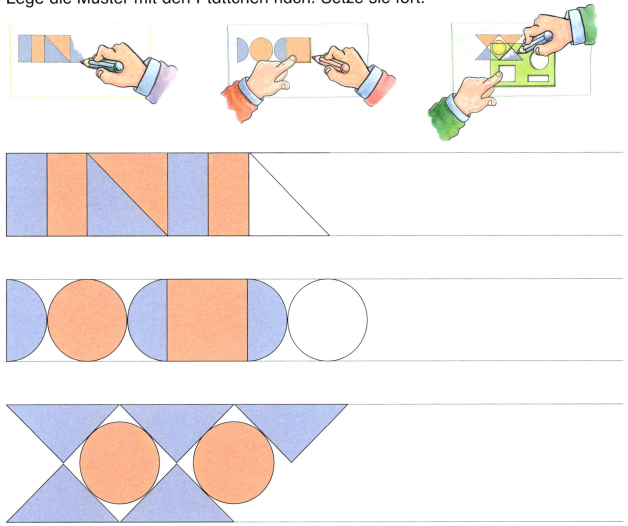

Lege selbst Muster. Zeichne sie.

(6) Wähle ein Muster aus und setze es fort.

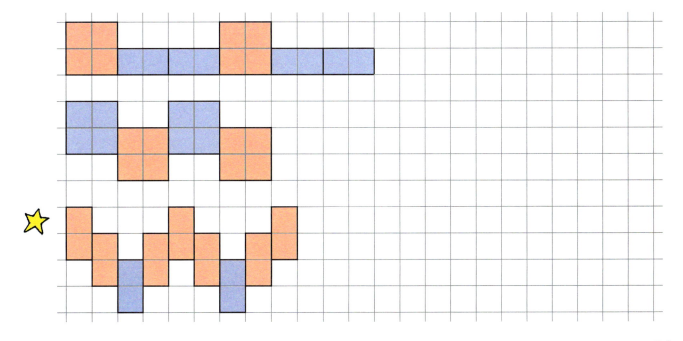

Schüttelschachteln

AH S. 10/11

① Baue eine Schüttelschachtel.

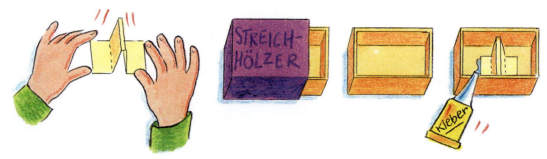

② Schüttle und schreibe auf.

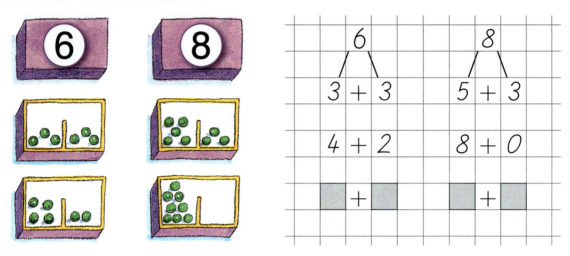

Wie viele Möglichkeiten findest du? Schreibe sie auf.

③ Schüttle auch diese Zahlen.

④

4 + 0
3 + 1
2 +
   +
   +

"Ich habe alle Schüttelergebnisse."

Stimmt das?
Was hat Eulalia gemacht?

⑤ Immer 5. Ordne die Ergebnisse und schreibe sie auf.

5
0 + 5
☐ + ☐

⑥ Ordne auch die Schüttelergebnisse von ⑥, ⑦, ⑧, ⑨ und ⑩.

6
0 + 6
☐ + ☐

7
0 + 7
☐ + ☐

"Das werden aber viele Schüttelergebnisse."

★ Stimmt das?

⑦ Ordne zu.

9
6 + 3

6
☐ + ☐

13

Viele Schätze schnell gezählt

AH S. 12

① Wie viele sind es?

6

② Zähle jetzt.
Warum geht es schneller?

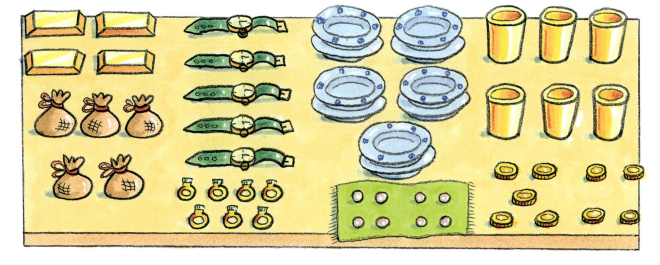

3 Zähle mit einem Blick.

Lege Plättchen so, dass dein Partner mit einem Blick zählen kann.

4 Ein Schlüssel – mehrere Kisten. Zeichne ins Heft.

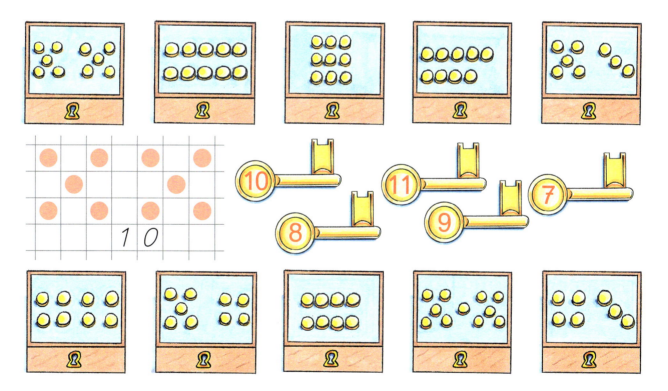

5 Ein Schlüssel – 2 Kisten. Zeichne ins Heft.

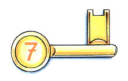 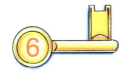 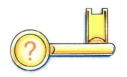

Zahlen blitzschnell erkannt

AH S. 13

1 Erkennst du 5, 10, 15 blitzschnell?

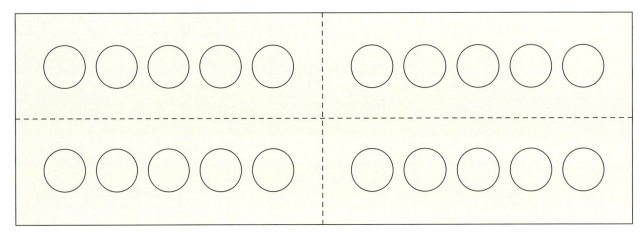

Lege 5 am Zwanzigerfeld.
Lege 10 am Zwanzigerfeld.

2 Lege auch andere Zahlen so, dass du sie blitzschnell erkennen kannst.
Erkläre wie Simsala:

Es sind 6, 5 und 1!

Zeichne sie in dein Heft.

3 Zahlen ⚡-schnell erkennen: Schreibe auf. Erkläre wie Simsala.

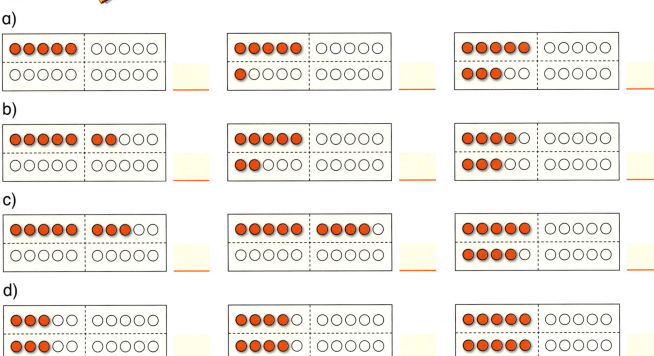

Immer 10

1. Immer 10.
   Spiele mit deinem Partner.

2. Zerlegungen ordnen.
   Schreibe alle Aufgaben
   in dein Heft.

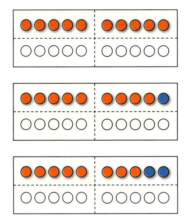

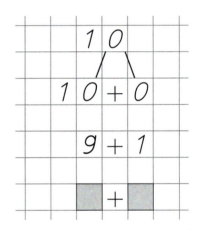

3. Immer 10. Welche Zahl fehlt?

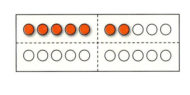
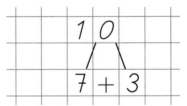

a)
b)
c)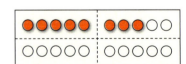

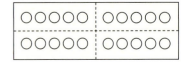

4 Immer 10: Viele Spiele

5 a)

10 ← 2 + ___
10 ← ___ + 6
10 ← ___ + 10
10 ← 3 + ___

b)

10 ← 1 + ___
10 ← ___ + 5
10 ← ___ + 8
10 ← 0 + ___

6 Schreibe die Zerlegungen der 10 auf.

1. Tipp: So kannst du ein Lernheft anlegen
   – Trage alle Zerlegungen der 10 ein.

2. Tipp: Mit dem Lernheft üben

Übe alleine ...   ... oder mit einem Partner.

Rechts oder links – vorn oder hinten

AH S. 15

 ① Spielt das Streichelspiel. Wo spürst du die Feder?

② Rechts oder links?

a)   b)   c)   d)   e)

③ Roboterspiel

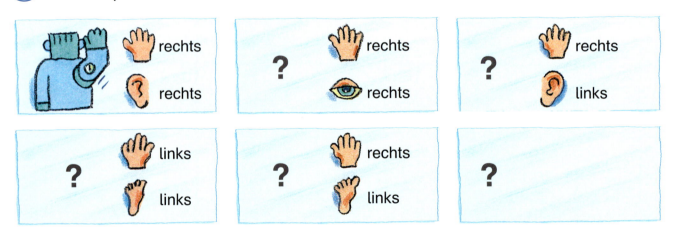

 ④ Linkshänder – Rechtshänder?

Umfahre.   Schneide aus.   Gestaltet ein Plakat.

Jetzt ist unten oben, oder?

 ⑤ Das sind wir.

Malt euch auf weißes Papier. Schneidet euch aus.
Klebt alle Bilder auf ein großes Plakat.

⑥ Wer steht wo?

rechts neben   links neben   hinter   zwischen   vor   …

 ⑦ Aufgedeckt – schnell gemerkt – zugedeckt   ⑧ Eckenkonzert

Die ☀ liegt …

Schöne Dinge sammeln und ordnen

AH S. 16

Im Setzkasten …

1

a) Was liegt **über** …?

b) Was liegt **unter** …?

c) Was liegt **zwischen** …?

 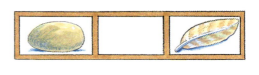 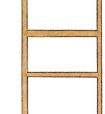

d) Was liegt **links neben** …?

e) Was liegt **rechts neben** …?

   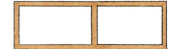

2 Zeichne deinen Setzkasten ins Heft.

Was sammelst du?

3) Einer legt und spricht. Einer zeichnet.

4) Spielt „Schau genau".
Legen und abdecken. Kurz aufdecken.　　　Erinnerst du dich noch?

Bist du fit?

AH S.17

① Zahlen blitzschnell erkennen.

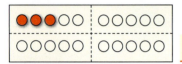

 ② Finger-Blitzlesen

③ Zahlen zerlegen. Finde weitere Aufgaben.

a) Immer 6

```
    6
   / \
  6 + 0

  1 + ▢

  ▢ + ▢

  ▢ + ▢
```

…

b) Immer 9

…

c) Immer 7

…

Setze die Muster fort. Achte auf die Farben.

△ ● ■ △ ●

④ Wie viele fehlen bis 10?

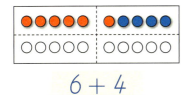  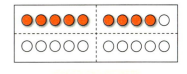

6 + 4 _____ _____

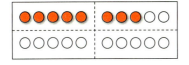 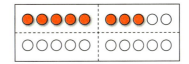 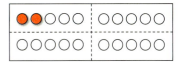

_____ _____ _____

⑤
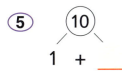

1 + __ 6 + __ 0 + __ __ + 5 __ + __

⑥ **Tipp: Mit dem Lernheft üben**

⑦ Bilddiktat

☀ in die Mitte.

Weniger – mehr / Größer – kleiner – gleich

3 Baut Türme und vergleicht. Sprecht und schreibt wie die Kinder.

"Die Fünfertürme sind gleich groß."
"5 ist gleich 5."
5 = 5

"Der Viererturm ist kleiner."
"4 ist kleiner als 6."
4 < 6

"Der Sechserturm ist größer."
"6 ist größer als 4."
6 > 4

4 a) 6 ◯ 4
7 ◯ 4
9 ◯ 1 0

b) 6 ◯ 8
5 ◯ 5
2 ◯ 1

c) 1 0 ◯ 1
8 ◯ 7
6 ◯ 3

d) 1 2 ◯ 2
9 ◯ 1 1
2 0 ◯ 1 6

5 Wie geht es weiter? Setze fort.

a) 3 ◯ 4
4 ◯ 4
5 ◯ 4
6 ◯ 4
__ ◯ __

b) 5 ◯ 1
5 ◯ 2
5 ◯ 3
5 ◯ 4
__ ◯ __

c) 0 ◯ 1
0 ◯ 2
0 ◯ 3
0 ◯ 4
__ ◯ __

d) 2 ◯ 3
3 ◯ 2
1 0 ◯ 8
8 ◯ 1 0
__ ◯ __
__ ◯ __

6 Zahlen raten:

"Meine Zahl ist kleiner als 5."
"Ja."
"Nein."

"Ist sie größer als 2?"
"Ist es 3?"
"Es ist ..."

Spielt selbst „Zahlen raten".

27

Zahlen stechen

  S. 19

① Spielt mit Zahlenkarten.
Schreibt so auf:

Michael		Sophie
6	>	5
4	<	6
3	=	3

< ist **kleiner** als
= ist **gleich**
> ist **größer** als

② Wer ist der Sieger?

M		S
☐		☐
✗6	>	1
5	<	9✗
8	○	2
7	○	3

a)
M		S
☐		☐
4	○	10
3	○	1
8	○	9
5	○	7

b)
M		S
☐		☐
5	○	4
2	○	3
8	○	7
9	○	10

c)
M		S
☐		☐
3	○	2
2	○	2
3	○	8
1	○	6

③ Wähle zwei Zahlen und vergleiche.

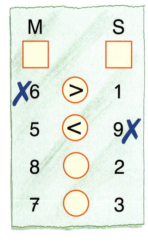
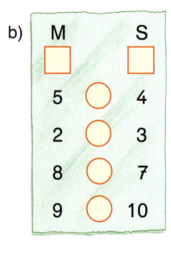
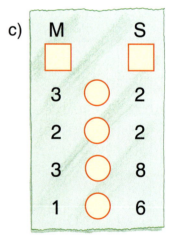

Das werden viele Aufgaben!

Ich helfe dir. Ich schreibe so: ☐ < 3

Welche Karten verlieren gegen die 3?

4 Mit welchen Karten verlierst du gegen die …?

a) **7**   ___ < 7   ___ < 7   …

b) **9**   ___ < 9   ___ < 9   …

c) **8**   ___ < 8   ___ < 8   …

d) **?**   ___ < …   ___ < …   …

5 Mit welchen Karten gewinnst du gegen die …?

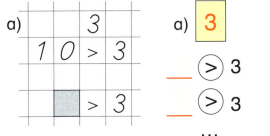

a) **3**   ___ > 3   ___ > 3   …

b) **6**   ___ > 6   ___ > 6   …

c) **8**   ___ > 8   ___ ◯   …

d) **?**   ___ > …   ___ > …   …

6 Finde eine passende Zahl.

a) ___ < 7   ___ = 7   ___ > 7

b) ___ = 8   ___ > 8   ___ < 8

c) ___ > 9   ___ = 9   ___ < 9

d) ___ < 5   ___ > 5   ___ = 5

7 Kettenaufgaben: Finde passende Zahlen.

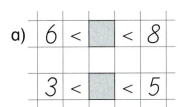

b) 4 < ___ < ___ < ___ < 8
   5 > ___ > ___ > ___ > 1

c) 7 < 8 < ___ < ___ …
   10 > ___ > ___ > ___ …

Dazulegen oder wegnehmen

AH S. 20/21

① Dazulegen oder wegnehmen?

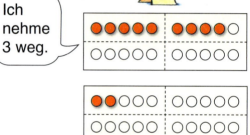

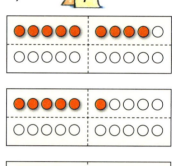

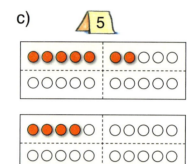

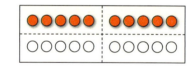

② Wie viele sind es dann?

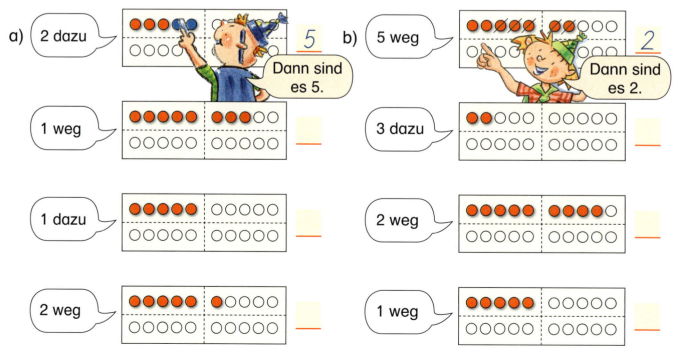

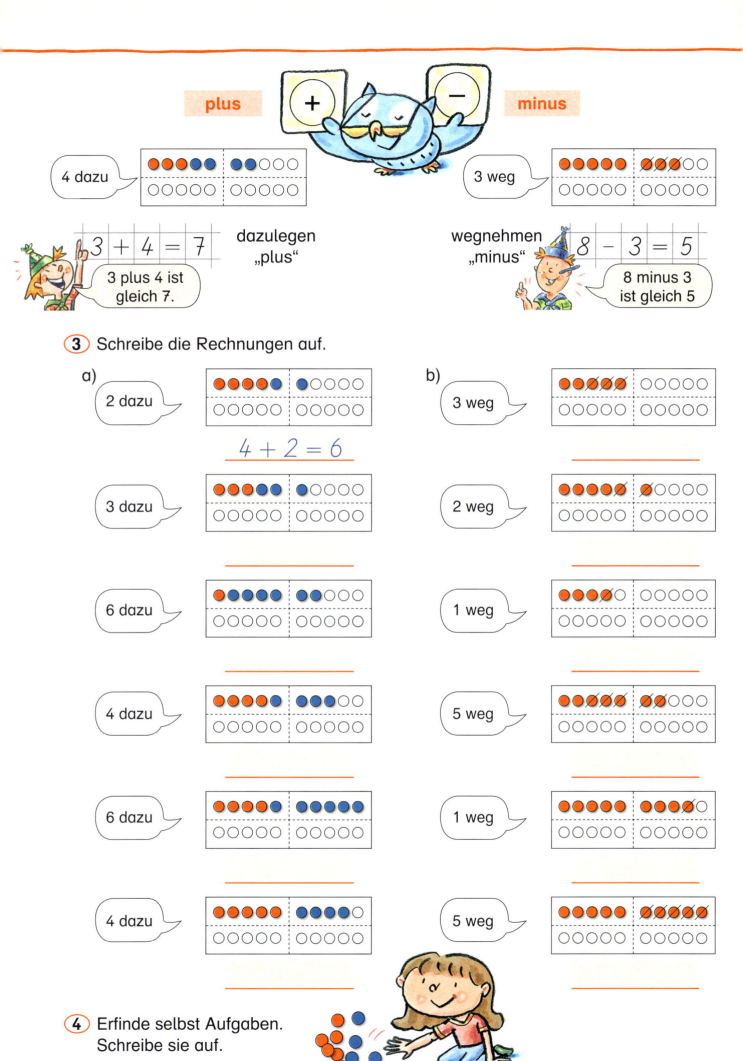

＋ und − rechnen

1 Lege Plusaufgaben.

4 + 2 = ___

„Ich kontrolliere mit Plättchen."

a) 4 + 1 = ___
7 + 2 = ___
3 + 1 = ___
4 + 5 = ___

b) 3 + 2 = ___
5 + 1 = ___
2 + 5 = ___
4 + 0 = ___

c) 1 + 1 = ___
4 + 0 = ___
2 + 5 = ___
6 + 3 = ___

d) 5 + 3 = ___
2 + 3 = ___
4 + 0 = ___
3 + 1 = ___

2 „Schöne Minusreihen": Was fällt dir auf? Wie geht es weiter?

a) 8 − 3 = ___
7 − 3 = ___
6 − 3 = ___
… − … = ___

b) 5 − 4 = ___
6 − 4 = ___
7 − 4 = ___
8 − 4 = ___
…

c) 6 − 5 = ___
7 − 6 = ___
8 − 7 = ___
9 − 8 = ___
…

d) 8 − 1 = ___
8 − 2 = ___
8 − 3 = ___
8 − 4 = ___
…

3 Achte auf das Rechenzeichen.

a) 5 − 3 = ___
5 + 3 = ___
6 + 1 = ___
6 − 1 = ___

b) 2 + 4 = ___
4 − 2 = ___
3 + 6 = ___
6 − 3 = ___

c) 1 + 5 = ___
3 + 3 = ___
5 − 1 = ___
3 − 3 = ___

d) 2 + 2 = ___
2 − 2 = ___
3 + 0 = ___
3 − 0 = ___

4 Bilde aus diesen Zahlen möglichst viele Rechnungen. Schreibe sie auf.

a) 2, 4, 6, 10, 8   2 + 4 = 6

b) 1, 3, 6, 2, 5   1 + 2 =

Platzhalter

5 ⊕ oder ⊖?

"7 sind es. 4 sollen es werden. Also ..."

7 − 3 = 4

5 + 5 = 10

2 ___ = 6

4 ___ = 3

8 ___ = 3

6 ___ = 9

3 ___ = 0

10 ___ = 7

6 a) 4 ___ = 9   2 ___ = 3   b) 6 ___ = 8   3 ___ = 9
6 ___ = 2   5 ___ = 8   3 ___ = 4   7 ___ = 2
7 ___ = 5   1 ___ = 4   1 ___ = 1   7 ___ = 8
8 ___ = 8   5 ___ = 7   5 ___ = 3   3 ___ = 8
9 ___ = 3   4 ___ = 2   10 ___ = 8   9 ___ = 10

c) 8 ___ = 9   3 ___ = 3   d) 5 ___ = 10   8 ___ = 2
6 ___ = 2   5 ___ = 8   6 ___ = 10   7 ___ = 2
8 ___ = 5   7 ___ = 4   7 ___ = 10   6 ___ = 2
8 ___ = 8   9 ___ = 7
5 ___ = 3   1 ___ = 2

Würfeln

① Würfelt und schreibt auf. Wer gewinnt?

② Rechne.

6 + 1 = 7 ✓
5 + 1 = __
4 + 4 = __
__ + __ = __
__ + __ = __

3 + 2 = 5
4 + 3 = __
__ + __ = __
__ + __ = __
__ + __ = __

Wer hat gewonnen?

③ Rechne. Wer ist Sieger?

a)
3 + 6 = __
4 + 5 = __
6 + 1 = __
4 + 3 = __
1 + 6 = __

5 + 2 = __
4 + 1 = __
6 + 6 = __
5 + 5 = __
2 + 4 = __

b)
2 + 3 = __
5 + 3 = __
1 + 4 = __
3 + 4 = __
2 + 6 = __

3 + 5 = __
2 + 1 = __
4 + 4 = __
5 + 6 = __
6 + 2 = __

Tauschaufgaben

4 Bilde Aufgabe und Tauschaufgabe.

5 + 1 = __   __ + __ = __   __ + __ = __
1 + 5 = __   __ + __ = __   __ + __ = __

__ + __ = __   __ + __ = __   __ + __ = __
__ + __ = __   __ + __ = __   __ + __ = __

5 Rechne und schreibe die Tauschaufgabe.

a) 1 + 6 =
   6 + 1 =
   2 + 5 =
   5 + 2 =

a) 1 + 6 = __   b) 4 + 6 = __   c) 1 + 5 = __
   2 + 5 = __   4 + 5 = __   2 + 5 = __
   3 + 4 = __   4 + 4 = __   3 + 5 = __
   ... + ... = __   ... + ... = __   ... + ... = __
   ... + ... = __   ... + ... = __   ... + ... = __

Welche Aufgaben rechnest du schneller?

⭐ **6** 3 Würfel – es gibt viele Möglichkeiten.

a) 1 + 6 + 2 = __   b) 1 + 2 + 3 = __   c) 5 + 4 + 3 = __
   6 + 1 + 2 = __   2 + 1 + 3 = __   4 + 3 + 5 = __
   2 + 6 + 1 = __   3 + 2 + 1 = __   3 + 5 + 4 = __
   __ + __ + __ = __   __ + __ + __ = __   __ + __ + __ = __

Kegeln

AH S.26/27

Alle Neun!

① Kegelt und schreibt auf.

| 9 | – | 7 | = | 2 |
| 9 | – | | = | |

② Wie wurde hier gekegelt?

9 – 7 = ___   ___ – ___ = ___   ___ – ___ = ___

___ – ___ = ___   ___ – ___ = ___   ___ – ___ = ___

③ Minusaufgaben – fast wie beim Kegeln

9 – 3 = ___   9 – 5 = ___   9 – 1 = ___   9 – 8 = ___

6 – 2 = ___   4 – 1 = ___   8 – 2 = ___   1 – 0 = ___

4 – 3 = ___   3 – 3 = ___   6 – 3 = ___   1 – 1 = ___

1 – 1 = ___   3 – 3 = ___

★ Was fällt dir auf?

Umkehraufgaben

4 Die Kegel werden wieder aufgestellt.

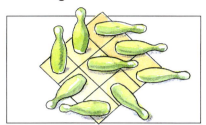  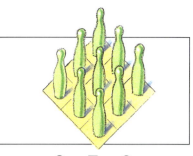

9 − 7 = 2   2 + 7 = 9

Aufgabe und Umkehraufgabe

9 − 3 = __   __ + 3 = 9
9 − 6 = __   __ + 6 = 9
9 − __ = __   __ + __ = 9
9 − __ = __   __ + __ = 9

5 Schreibe die Aufgabe und die Umkehraufgabe in dein Heft.

9 − 5 = 4   4 + 5 = 9

a) 9 − 4 = __   b) 7 − 2 = __   c) 8 − 7 = __   d) 7 − 7 = __
   7 − 3 = __   5 − 4 = __   6 − 4 = __   8 − 2 = __
   6 − 1 = __   8 − 3 = __   9 − 6 = __   10 − 4 = __
   4 − 2 = __   3 − 1 = __   10 − 7 = __   9 − 6 = __

6    3 + 6 = 9   9 − 6 = 3

Die Umkehraufgabe zur Plusaufgabe ist eine Minusaufgabe.

Schreibe wieder Aufgabe und Umkehraufgabe in dein Heft.

a) 6 + 2 = __   b) 7 + 1 = __   c) 3 + 4 = __   d) 8 + 2 = __
   1 + 5 = __   3 + 5 = __   2 + 3 = __   7 + 3 = __
   4 + 3 = __   2 + 7 = __   5 + 2 = __   6 + 4 = __
   5 + 4 = __   6 + 1 = __   1 + 8 = __   3 + 5 = __

Rechengeschichten

 Alles Gute zum Geburtstag …
 S. 28/29

1 Erzähle und rechne.

 Es sind 4 Ballons. Lisa hängt noch 2 auf.

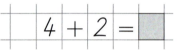 4 + 2 =

2 Erzähle und rechne.

a)

2   + 3   =

b)

5   –   =

c)

3 Was ist passiert? Erzähle und rechne.

a)

<u>5</u>   −___   =   <u>3</u>

b)

___   +   ___

c)

___   ___   ___

d)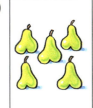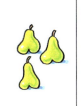

___   ___   ___

e)

___   ___   ___

f)

___   ___   ___

g)

___   ___   ___

h)

___   ___   ___

4 Male oder schreibe passende Geschichten. Rechne aus.

a) 9 − 3 = ___
7 − 5 = ___
5 + 2 = ___
1 + 5 = ___

b) 1 _____ = 5
3 _____ = 8
7 _____ = 4
10 _____ = 7

c) 6 _____ = 2
5 _____ = 9
10 _____ = 6
10 _____ = 10

Sach-
aufgaben

Adventskalender

Die Klasse 1a bereitet einen Adventskalender vor.

1. Wie viele Bilder müssen die Kinder noch malen?

2. Welches Bild gehört zum Nikolaustag, welches zum Heiligen Abend? …

3. Was fehlt noch auf den Bildern, damit es ein Kalender wird?

④ Erzähle wie Simsala.

Die Glocke gehört zum …

⑤

4. Dezember ___ Dezember ___ Dezember ___ Dezember ___ Dezember

⑥ Erzähle:

1. Advent ___ Advent ___ Advent ___ Advent

⑦ Gestaltet einen Kalender.

Auf dem Weihnachtsmarkt

① Rechengeschichten sind überall. Erzähle.

② Schreibe zu jedem Stand eine Rechnung.

1   5 + 5 =

③ Schreibe eine Rechnung.

a) Opa kauft 5 ❄ für Oma und 3 ❄ für Mama.

b) Opa will 10 🔴 für seinen 🌲. Er hat aber nur 3 🔴.

c) Oma kauft 8 🍪. Sie isst 2 auf.

5 + =

d) Franz hat 4 👼. Er kauft noch 3.

e) In der Tüte sind 10 🌰. Lisa isst 4.

f) Im 🚌 sind 12 🧍. 5 steigen aus.

 ④ Erfinde eine Rechengeschichte.

Plusaufgaben bis 10

  S. 31

① Welche Plusaufgaben sind für dich leicht? Rechne sie zuerst.

② Rechne alle Aufgaben in diesen Türmen.

③ Findest du auch alle Aufgaben mit 5+ , 8+ , 3+ ? Rechne sie aus.

④ Manche Aufgaben sind rot umrandet. Rechne sie aus. Was fällt dir auf?

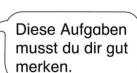

Diese Aufgaben musst du dir gut merken.

⑤ Manche Aufgaben sind grün umrandet. Rechne sie aus. Was fällt dir auf?

⑥ Schreibe die roten und grünen Aufgaben in dein Lernheft.

7 Nachbarn gesucht. Wie geht es weiter?

| 3 + 2 = __ | 3 + 3 = __ | __ + __ = __ | | 2 + 6 = __ | __ + __ = __ | __ + __ = __ |
| 5 + 1 = __ | __ + __ = __ | __ + __ = __ | | __ + __ = __ | __ + __ = __ | __ + __ = __ |

8 Nachbarn links und Nachbarn rechts

| __ + __ = __ | 4 + 2 = __ | __ + __ = __ | | __ + __ = __ | 5 + 3 = __ | __ + __ = __ |
| __ + __ = __ | 2 + 7 = __ | __ + __ = __ | | __ + __ = __ | 4 + 4 = __ | __ + __ = __ |

9 Finde alle Aufgaben zu diesen Ergebnissen.

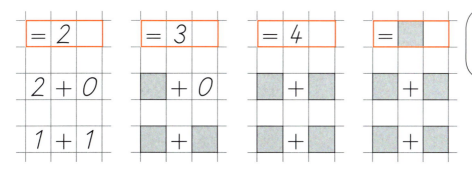

Wo findest du sie in den Türmen? Kannst du das erklären?

⭐ **10** Findest du auch Aufgaben, die etwas gemeinsam haben? Schreibe auf.

45

Minusaufgaben bis 10

① Schau auf die Türme. Welche ⊖ Aufgaben sind für dich leicht? Rechne sie zuerst.

② Rechne alle Aufgaben in diesen Türmen.

③ Findest du auch alle Aufgaben mit ⎡5–⎤, ⎡8–⎤, ⎡3–⎤? Rechne sie aus.

④ Manche Aufgaben sind rot umrandet. Rechne sie aus. Was fällt dir auf?

⑤ Manche Aufgaben sind grün umrandet. Rechne sie aus. Was fällt dir auf?

Diese Aufgaben musst du dir gut merken.

⑥ Schreibe die roten und die grünen Aufgaben in dein Lernheft.

7 Nachbarn gesucht. Wie geht es weiter?

| 10 − 5 = __ | 10 − 6 = __ | __ − __ = __ | 8 − 6 = __ | __ − __ = __ | __ − __ = __ |
| 7 − 0 = __ | __ − __ = __ | __ − __ = __ | __ − __ = __ | __ − __ = __ | __ − __ = __ |

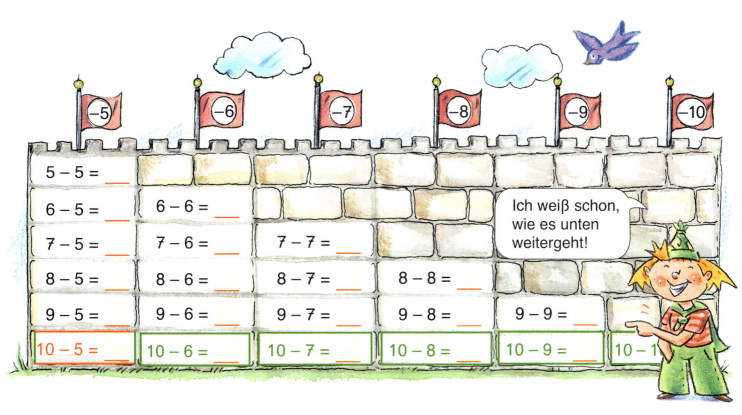

8 Nachbarn links und Nachbarn rechts.

| __ − __ = __ | 7 − 2 = __ | __ + __ = __ | __ − __ = __ | 9 − 7 = __ | __ − __ = __ |
| __ − __ = __ | 8 − 3 = __ | __ + __ = __ | __ − __ = __ | 7 − 6 = __ | __ − __ = __ |

9 Finde alle Aufgaben zu diesen Ergebnissen.

Wo findest du sie in den Türmen? Kannst du das erklären?

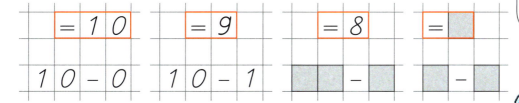

10 Findest du auch Aufgaben, die etwas gemeinsam haben? Schreibe sie auf.

3 Zahlen – 4 Aufgaben

AH S. 33/34

① Lege die Karten wie Simsala und Bim.
Schreibe die Rechnungen auf.

a) 4 9 5

4 + 5 = __
5 + __ = __
9 – __ = __
9 – __ = __

b) 8 3 5

3 + 5 = __
5 + __ = __
8 – __ = __
8 – __ = __

c) 6 2 4

2 + 4 = __
4 + __ = __
6 – __ = __
6 – __ = __

② Schreibe die Rechnungen in dein Heft.

a)
9 2 7
2 5 7
6 10 4
8 1 7

b)
1 2 3
8 6 2
6 1 5
6 1 7

 c)
10 7 3
11 9 2
6 11 5
5 12 7

d) Deine Zahlen: ? ? ?

③ 3 Zahlen – wie viele Aufgaben?

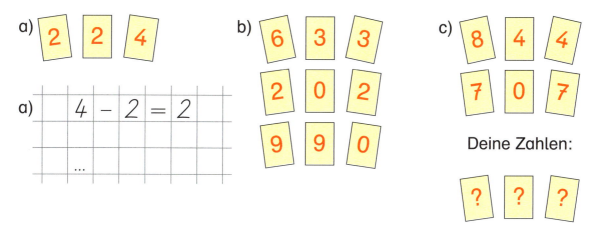

a) 4 – 2 = 2
    ...

Deine Zahlen:

④ Wie heißt die dritte Karte? Es gibt immer 2 Möglichkeiten. Erkläre.

10 passt.

4 auch.

⑤ Sind die 3 Zahlen richtig gewählt?
Ändere die Zahlen so, dass 4 Rechnungen möglich sind.

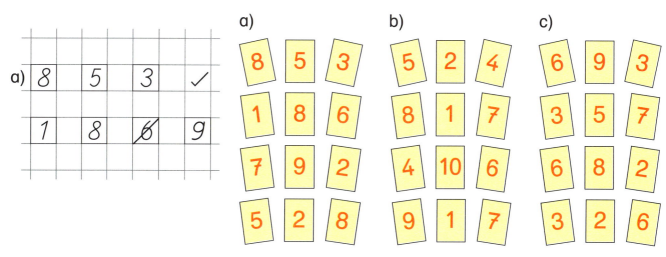

a) 8 5 3 ✓
   1 8 6̸ 9

Bist du fit?

1   < ist kleiner als   = ist gleich   > ist größer als

a) 6 ○ 2
    4 ○ 8
    2 ○ 7
    3 ○ 3

b) 7 ○ 4
    1 ○ 3
    6 ○ 8
    9 ○ 1

c) 10 ○ 2
    4 ○ 4
    2 ○ 9
    1 ○ 8

d) 8 ○ 3
    0 ○ 4
    7 ○ 7
    5 ○ 6

Es gibt mehrere richtige Lösungen.

2 Finde eine passende Zahl.

a) 4 > __
    7 > __
    8 > __
    2 > __

b) 1 < __
    2 < __
    9 < __
    5 < __

c) __ > 5
    __ < 3
    6 = __
    6 < __

d) 4 < __
    9 = __
    __ < 1
    10 = __

3 Plus oder minus? Lege und schreibe die Rechnung auf.

a) 3 ___ = 5   8 ___ = 2   10 ___ = 4

b) 4 ___ = 8   7 ___ = 9   0 ___ = 4

c) 8 ___ = 5   1 ___ = 6   9 ___ = 4

Setze die Muster fort!

④ a) 6 +2 = 8   3 ___ = 10   b) 3 ___ = 3   6 ___ = 1
    2 ___ = 7   4 ___ = 2   7 ___ = 5   5 ___ = 9
    9 ___ = 5   8 ___ = 3   9 ___ = 8   2 ___ = 8

⑤ a) 7 + 2 = __   3 + 3 = __   b) 9 − 7 = __   8 − 5 = __
    5 + 3 = __   6 + 1 = __   4 − 3 = __   7 − 2 = __
    4 + 5 = __   2 + 8 = __   10 − 6 = __   6 − 4 = __

⑥ Was ist passiert? Erzähle und rechne.

     ?

___   ___

___   ___

⑦ Nachbaraufgaben

a)
3 + 2 = __	1 + 6 = __
4 + 2 = __	2 + __ = __
5 + __ = __	__ + __ = __

b)
4 + 3 = __	2 + 5 = __
__ + __ = __	__ + __ = __
__ + __ = __	__ + __ = __

⑧ 3 Zahlen – 4 Aufgaben

a)   b) 5 2 7   c) 3 9 6   d) 3 7

51

Eckig

Ein Viereck hat vier Ecken,
das weiß doch jedes Kind.
An Drachen, Heft und Fenster
kannst du das seh'n geschwind.

Drei Ecken kannst du finden
am Haus, am Schirm, am Baum,
doch so ein Dreiecksvogel
erscheint dir nur im Traum.

① Viele Figuren aus Vierecken, Dreiecken und Kreisen. Zeichne selbst.

Käpt'n Blaubärs Traumboot

Geheimpost

Kuh Elsa

Scharfzahn

Brülli

...oder rund?

Deine Brille auf der Nase,
viele Schilder auf der Straße,
die runde Sonne siehst du stehen –
wo kannst du sonst noch Kreise sehen?

(2) Nanu? Was meinst du dazu?
Warum rund und nicht eckig?
Warum eckig und nicht rund?

(3) Vierecke □, Dreiecke △, Kreise ○ ?

Macht eine Ausstellung.

(4) Zeichne diese 3 Formen in dein Lernheft.

Flächen sortieren

AH S.37

1 Wie kannst du die Plättchen sortieren?

2 a) Bim hat so sortiert. Erkläre.

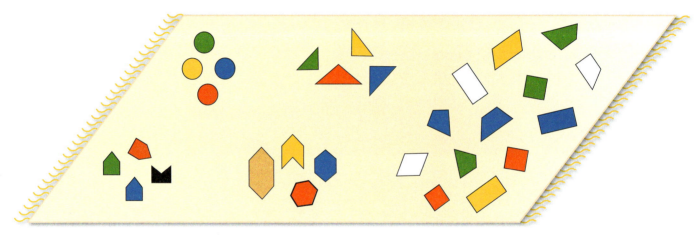

b) Finde Namen für jede Gruppe.

3 Schau dir die Vierecke genauer an. Sortiere sie.

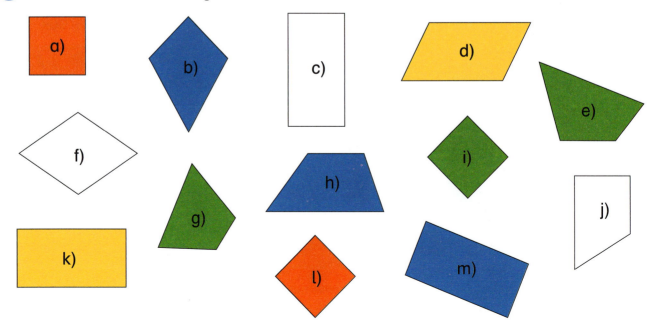

(4) Stelle einen Eckenmesser her.

"Eine „rechte Ecke". Mathematiker sagen dazu „rechter Winkel"."

Untersuche damit die Vierecke von Aufgabe 3. Wie viele „rechte Ecken" haben sie?

Fläche:	rechte Ecken:
a)	4

"Flächen mit 4 rechten Ecken heißen Rechtecke."

(5) Einige Vierecke haben 4 „rechte Ecken".

a) Male sie in dein Heft.

b)  Dies sind ganz besondere Rechtecke. Sie heißen Quadrate. Umfahre sie.

c) Suche Rechtecke und Quadrate im Klassenzimmer und in deiner Schultasche. Überprüfe mit dem Eckenmesser.

(6) a) Betrachtet dieses Kunstwerk. Was fällt euch auf?

b) Zeigt, wo entdeckt ihr Quadrate, Rechtecke, Dreiecke und Kreise entdeckt.

Konfetti
Wolfgang Achmann
2002

c) Gestalte ein ähnliches Kunstwerk. Nimm dazu die Plättchen oder die Schablone.

Links und rechts – immer gleich viel

AH S. 38

 Was haben die linke und die rechte Schachtel gemeinsam?

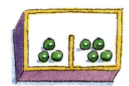 

② Immer gleich viel: Welche Schachteln gehören zusammen?

3 + 3 = ☐ + ☐

Was bedeutet hier = ?

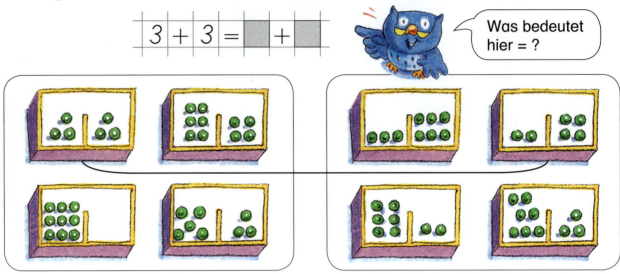

③ Immer gleich viel: Welche Rechnungen gehören zusammen?

```
  5 + 2         2 + 1              9 + 2      2 + 0
    7    7 + 4             6 + 1
  1 + 1         0 + 1               5 + 5    0 + 3    1 + 0
       4 + 1                =
  8 + 2         1 + 3               2 + 2   3 + 2    4 + 5
       2 + 4   1 + 7  7 + 2                 4 + 2    5 + 3
```

Schreibe so auf: 5 + 2 = ☐ + ☐
                    7

④ Immer gleich viel: links eine Zahl – rechts eine Rechnung.

  6 = 4 + 2

a) 6 = 4 + 2   b) 8 = __ + __   c) 10 = __ + __   d) 12 = __ + __
   6 = __ + __   8 = __ + __   10 = __ + __   12 = __ + __
   ...   .

Wie viele Aufgaben findest du zu einem Ergebnis? Vergleiche.

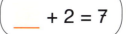
___ + 2 = 7

5 Wie viele Kugeln sind verdeckt? Überlege.
Nehmt eure Schüttelschachteln und stellt euch Aufgaben.

6 Immer gleich viel.

a) ___ + 2 = 7   ___ + 1 = 8   ___ + 4 = 5   ___ + 7 = 9
   ___ + 4 = 7   ___ + 7 = 8   ___ + 5 = 6   ___ + 6 = 9
   ___ + 1 = 7   ___ + 4 = 8   ___ + 6 = 7   ___ + 5 = 9

b) 4 + ___ = 7   0 + ___ = 6   4 + ___ = 8   2 + ___ = 3
   5 + ___ = 7   5 + ___ = 6   3 + ___ = 7   3 + ___ = 4
   7 + ___ = 7   3 + ___ = 6   2 + ___ = 6   4 + ___ = 5

7 Was fällt dir auf?

9 = 3 + ___   7 = 6 + ___   10 = 1 + ___   11 = 10 + ___
9 = 4 + ___   7 = 5 + ___   10 = 2 + ___   11 = 9 + ___
9 = 5 + ___   7 = 4 + ___   10 = 3 + ___   11 = 8 + ___

8 6 = ___ + 0 + 2   7 = ___ + 0 + 5   9 = ___ + 6 + 0   10 = ___ + 3 + 6
6 = ___ + 1 + 3   7 = ___ + 1 + 4   9 = ___ + 3 + 4   10 = ___ + 2 + 4
6 = ___ + 2 + 4   7 = ___ + 2 + 3   9 = ___ + 5 + 1   10 = ___ + 5 + 1

9 3 + 5 = ___ + 4   1 + ___ = 5 + 2   6 + 4 = 5 + ___
     2 + 7 = 6 + ___   ___ + 8 = 3 + 6   ___ + 7 = 9 + 2

Dominosteine vergleichen

 ① Spielt und schreibt auf:

☆	5	+	2	>	3	+	1
	7				4		

② Vergleiche mit: Wer hat gewonnen?

a)

3 + 4 ◯ 6 + 2
2 + 2 ◯ 4 + 1
6 + 5 ◯ 5 + 0
4 + 3 ◯ 4 + 5
3 + 1 ◯ 2 + 1

b) 6 + 4 ◯ 5 + 4
3 + 1 ◯ 2 + 0
2 + 2 ◯ 2 + 3
4 + 3 ◯ 5 + 2
4 + 4 ◯ 5 + 1

③ Welches Zeichen passt? Siehst du es ohne zu rechnen? Begründe.

a) 3 + 4 ◯ 4 + 4
0 + 2 ◯ 0 + 3
5 + 2 ◯ 5 + 3

b) 6 + 3 ◯ 6 + 4   2 + 5 ◯ 2 + 7
5 + 2 ◯ 6 + 2   2 + 6 ◯ 6 + 2
1 + 6 ◯ 1 + 5   2 + 7 ◯ 2 + 5

④ Suche Aufgaben mit =.

6	+	4	=	5	+	5
2	+	5	=		+	

Da fallen mir viele Aufgaben ein!

Rechnungen vergleichen

5 Setze ein: > < =

a) 8 + 1 ◯ 6 + 4
6 + 3 ◯ 5 + 4
2 + 2 ◯ 3 − 2
6 − 5 ◯ 2 + 5

b) 2 + 7 ◯ 1 + 5
7 − 5 ◯ 8 − 6
0 + 8 ◯ 3 + 4
5 − 2 ◯ 6 − 3

c) 6 − 1 ◯ 5 + 2
7 − 2 ◯ 4 + 4
6 + 3 ◯ 7 − 5
5 − 3 ◯ 9 − 2

6 Setze die Aufgabenreihen fort. Was fällt dir auf?

a) 1 + 1 ◯ 7 − 1
1 + 2 ◯ 7 − 2
1 + 3 ◯ 7 − 3
…

b) 8 + 1 ◯ 8 − 1
7 + 1 ◯ 7 − 1
6 + 1 ◯ 6 − 1
…

c) 9 − 1 ◯ 4 + 2
9 − 2 ◯ 4 + 3
9 − 3 ◯ 4 + 4
…

7 Welches Zeichen passt? Siehst du es ohne zu rechnen? Begründe.

a) 7 − 1 ◯ 5 − 1
9 − 4 ◯ 10 − 4
5 − 2 ◯ 4 − 2

b) 7 − 3 ◯ 7 − 5
9 − 6 ◯ 9 − 3
8 − 0 ◯ 8 − 4

c) 7 + 3 ◯ 7 − 3
6 + 2 ◯ 6 − 2
8 − 4 ◯ 8 + 4

8 Welche Zahl fehlt?

a) 5 + 3 = 3 + __
6 − 4 = 1 + __
8 − __ = 3 + 3

b) 5 + 5 = 4 + __
4 + 3 = 3 + __
10 − 2 = 4 + __

c) 1 + 2 = 3 − __
9 − 3 = 3 + __
8 − 5 = __ + 0

9 Finde eine passende Zahl. Es gibt mehrere Möglichkeiten.

a) 6 + 2 > 1 + __
4 − 2 < 3 + __
10 − 6 > 10 − __

b) 5 + 4 < 8 + __
3 + 7 > 6 − __
8 − 5 < 10 − __

c) 9 − 7 < 7 + __
8 − 3 > 1 + __
4 + 4 < 8 + __

⭐ d) Findest du alle passenden Zahlen zu 7 + 2 > 1 + __ ?   0, 1,

10 Spielt: – Das größere Ergebnis gewinnt,
– das kleinere Ergebnis gewinnt.

Gewonnen!

Unser Geld: Euro (€)

AH S. 40/41

① Vergleiche die Scheine miteinander, vergleiche die Münzen.

② Wie viel Geld ist es? Lege – dein Partner zählt.

③ Wie viel Geld ist es? Schreibe auf.

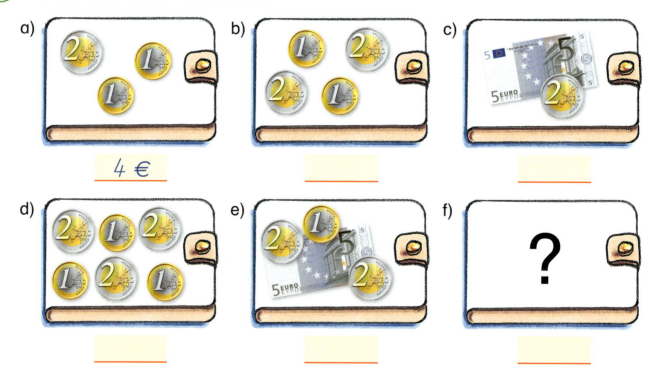

a) 4 €
b)
c)
d)
e)
f)

④ Wie legst du 10 Euro, 5 Euro, …? Finde viele Möglichkeiten. Schreibe auf.

⑤ Lege mit möglichst wenigen Münzen und Scheinen. Schreibe auf.

1 €	①
2 €	②
3 €	②①
…	

Bis 10 € brauche ich höchstens 3 Münzen und 2 Scheine.

6 Welche Münzen und Scheine sind es? Schreibe auf.

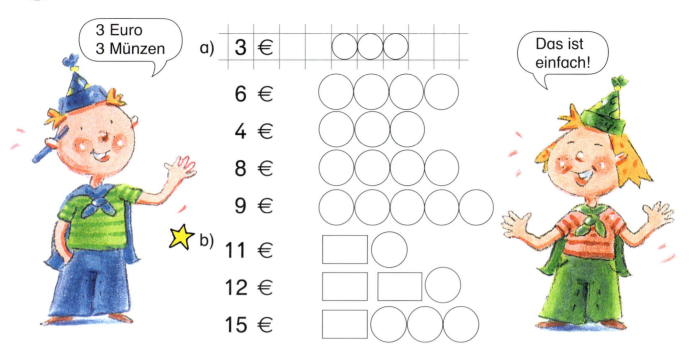

7 In welchem Schwein ist jeweils mehr Geld?

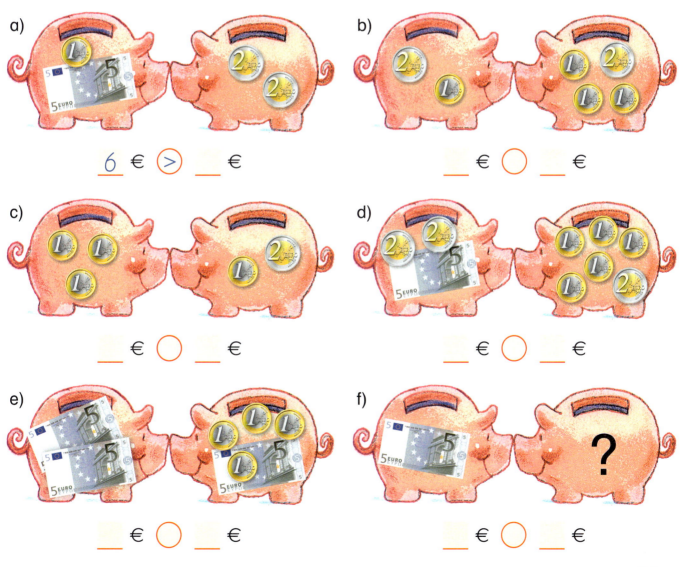

Einkaufen und bezahlen

AH S. 42

1 Wie viel kostet es zusammen?

a)

2 € +   € =   €

b)

c)

d)

e)

f)

2 Kaufe selbst ein. Male und rechne.

3 Du kaufst für genau 10 Euro ein. Was kann das sein?

1	0	€	=	3	€	+	7	€
							?	
1	0	€	=			+		

4 Was kostet es wohl, wenn ich alles kaufe?

5 Wie kannst du bezahlen?

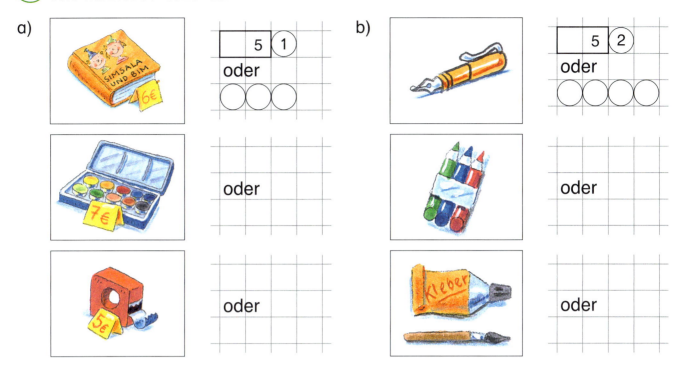

6 Wie viel bekommst du zurück? Spielt und schreibt auf.

Zahlenmauern

① Überlege und erkläre. Wie ist eine Zahlenmauer aufgebaut? Welche Zahl gehört in den Zielstein?

② Rechne.

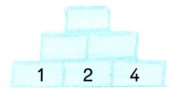 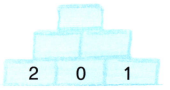 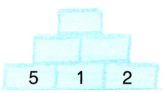

③ Gleiche Grundsteine – verschiedene Zielsteine. Rechne. Was fällt dir auf?

a)

 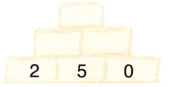 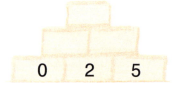

b)

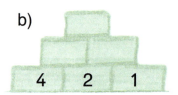 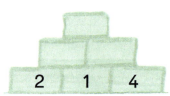 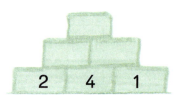

④ Baue mit diesen Grundsteinen.

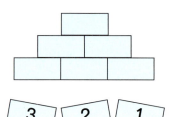

 Erkläre: Wie entsteht oben …
a) die größte Zahl?
b) die kleinste Zahl?

Überprüfe deine Regel mit anderen Grundsteinen.

5 Welche Zahlen fehlen? Erkläre, wie du rechnest.

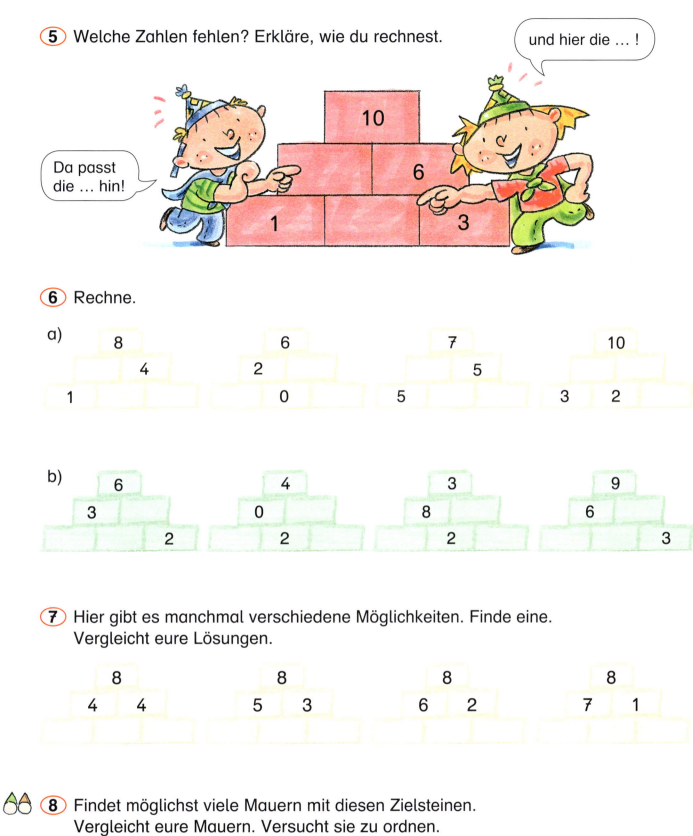

Da passt die ... hin!

und hier die ... !

6 Rechne.

a)

b)

7 Hier gibt es manchmal verschiedene Möglichkeiten. Finde eine. Vergleicht eure Lösungen.

8 Findet möglichst viele Mauern mit diesen Zielsteinen. Vergleicht eure Mauern. Versucht sie zu ordnen.

9 Wähle selbst Zahlen für den Zielstein und erfinde Zahlenmauern.

Zahlen verzaubern

① Wie heißt die Zauberregel? Finde weitere Zahlenpaare.
Simsala legt die Kartenpaare und schreibt so auf.

② Wie wird hier gezaubert? Schreibe ins Heft. Finde weitere Zahlenpaare.

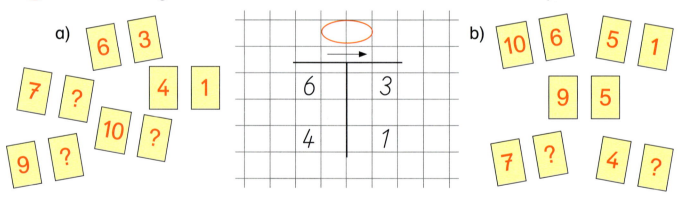

③ Finde Paare zu diesen Zauberregeln.

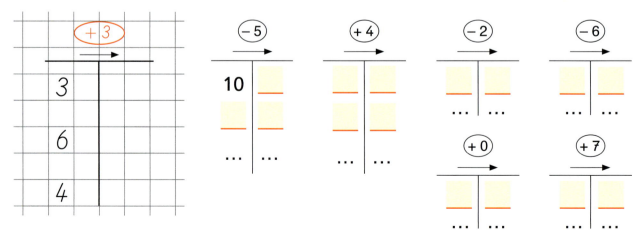

④ Finde selbst Zahlenpaare. Dein Partner nennt die Regel.

5 Erste oder zweite Zahl gesucht.

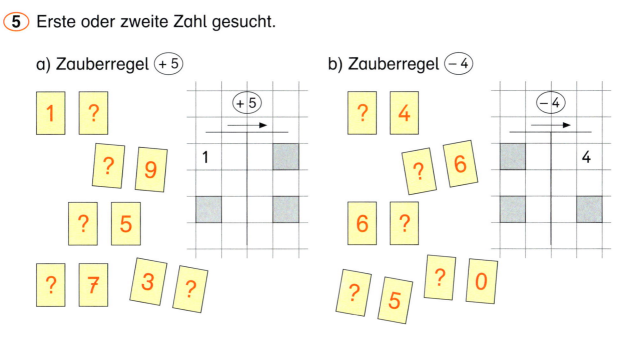

a) Zauberregel +5
b) Zauberregel −4

6

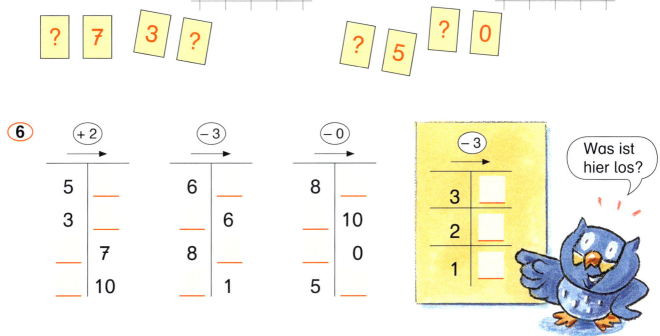

Was ist hier los?

7 Hier sind die Paare von zwei Zauberregeln durcheinander geraten.
a) Schreibe geordnet in dein Heft.

b) Finde zu jeder Regel weitere Zahlenpaare.

8 Eine besondere Zauberregel. Erkläre.

Kunst aufräumen

Die rote Brücke, Paul Klee, 1928

① Welche Formen erkennst du?
Welche fallen dir besonders auf?

 ② Stellt die Formen als Stempel her. Druckt ähnliche Bilder.

 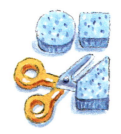 

③ Du kannst auch malen oder zeichnen.

4) Es gibt Künstler, die „räumen" Bilder auf.
Vergleicht das „aufgeräumte" Bild mit dem Bild von Paul Klee „Die rote Brücke".

5) Räume das Bild von Paul Klee nach Formen auf.
   a) Welche Formen siehst du?
   b) Suche alle Formen heraus.
      – Male sie auf. Ordne sie so an, wie du möchtest.
      – Kontrolliere, ob du keine Form vergessen hast.

  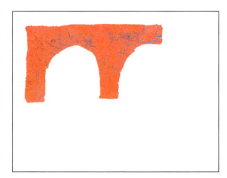

6) Du kannst auch dein eigenes Bild aufräumen.

Rechengeschichten erzählen und rechnen

 AH S.47

① Ein Bild – viele Geschichten – viele Rechnungen.
Erzählt Geschichten zum Bild. Findet zu jeder Geschichte die passende Rechnung.

② Finde zu jedem Bild verschiedene Geschichten.
Schreibe die Rechnungen auf.

In manchen Bildern stecken mehr Rechnungen als du denkst.

③ Welche Rechnungen passen zum Bild? Schreibe sie auf und rechne sie aus.

a)

2 + 4 = ___   2 + 5 = ___
7 – 3 = ___   6 – 4 = ___

b) 2 + 2 + 3 = ___   3 + 6 = ___
7 – 3 = ___   5 + 3 = ___

④ Welche Bilder passen? Zeige oder kreise ein.

a)  b)  c)

2 + 5 = ___

a)  b)  c)

6 − 3 = ___

a)  b)  c)

1 + 4 = ___

⑤ Malt Bilder zu den Rechnungen:

| 2 + 6 = 8 | | 9 − 4 = 5 | | 4 − 3 = 1 |

Legt eure Bilder zu den Aufgaben.
Erzählt und vergleicht.

⑥ Welche Geschichten passen zu 2 + 4 = ___ ? Zeige oder kreise ein.

a) Susi hat 2 Mathehefte und 4 Schreibhefte.

Wie viele Hefte hat sie?

b) Moni hat 4 Luft-ballons. 2 Ballons zerplatzen.

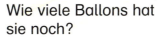

Wie viele Ballons hat sie noch?

c) Im Hof sind 4 braune Katzen und zwei weiße Katzen.

Wie viele Katzen sind das?

⑦ Welche Geschichten passen zu 7 − 3 = ___ ? Zeige oder kreise ein.

a) Ulli hat 7 Murmeln. 3 Murmeln schenkt er her.

Wie viele Murmeln hat er nun?

b) Auf der Wiese stehen 7 Schafe. 3 laufen weg.

Wie viele Schafe sind es jetzt?

c) Max hat 7 Autos. Seine Oma schenkt ihm noch 3.

Wie viele Autos hat Max?

Bist du fit?

AH S. 48

1 Zahlen zerlegen

8
5 + 3
... + ...

6
2 + 4
... + ...

9
5 + 4
... + ...

10
8 + 2
... + ...

2 a) 3 + 5 = ___ b) 9 − 6 = ___ c) 6 − 3 = ___
   2 + 7 = ___   8 − 7 = ___   9 − 0 = ___

3 a) 10 = 6 + ___ b) 7 = 1 + ___ c) 5 = 2 + ___
   10 = ___ + 3   7 = ___ + 4   5 = ___ + 5

4 Welche Aufgaben gehören zusammen?

2 + 1 5 + 3		2 + 4 5 + 5
3 7 + 2	=	1 + 7
3 + 3 6 + 4		0 + 3 3 + 6

Schreibe so auf: | 2 | + | 1 | = | 0 | + | 3 |
                        3

5 a) 4 + 3 = ___ + 5   b) 8 − ___ = 6 − 1   c) ___ + 6 = 10 − 3
   6 − 2 = 4 − ___   ___ + 5 = 7 + 3   ___ − 2 = 4 + 4

6 Zahlenmauern

Setze die Muster fort!

green: 1 2 3
purple: 3 2 3

yellow: 10 / 6 / 4
grey: 10 / 3 / 2
orange: 1 2 0 4

7 >, < oder = ?

a) 7 + 2 ◯ 6 + 2   b) 6 + 1 ◯ 8 − 2   c) 5 + 3 ◯ 5 − 3
    9 − 4 ◯ 7 − 5   10 − 6 ◯ 4 + 0   8 − 6 ◯ 8 + 5
    2 + 5 ◯ 4 + 3   5 + 3 ◯ 9 − 1   3 + 4 ◯ 4 − 3

8 Zahlen verzaubern

+3		+5		−4		−2	
3	__	2	__	6	__	8	__
5	__	__	9	8	__	2	__
7	__	5	__	4	__	__	6

9 Wie viele Euro?

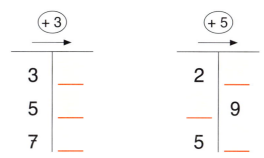 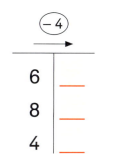 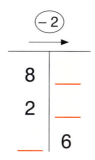

_____   _____   _____

10

a) Sonja kauft: b) Anne kauft: c) Tommy kauft und gibt:

Sie zahlt: ___ €   Sie zahlt: ___ €   Er bekommt ___ € zurück.

Zehner und Einer

10 = 1 Zehner = 1 Z

1 = 1 Einer = 1 E

1. a) Lege 13, 17, 18, … und erkläre, wie du legst.
   b) Spielt zu zweit: Du legst eine Zahl. Dein Partner nennt sie.

2. Erkläre wie Bim.

1Z 2E = 12

3 Lege im Zwanzigerfeld und mit den Zahlenkarten. Schreibe auf.

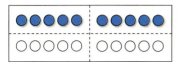

$10 + 0 = 10$

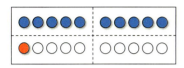

$10 + 1 = 11$

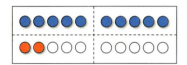

$10 + 2 = $

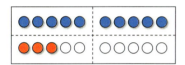

…   …

Z	E	
1	0	zehn
1	1	elf
1	2	zwölf
1	3	dreizehn
1	4	vierzehn
1	5	fünfzehn
1	6	sechzehn
1	7	siebzehn
1	8	achtzehn
1	9	neunzehn
2	0	zwanzig
2	1	einundzwanzig
2	2	zweiundzwanzig
…	…	…

Pass auf, wir schreiben anders als wir sprechen.

4 Schreibe die Zahlen auf.

	1		2		3	…
1	1	1	2	1	3	…
2	1	2	2	2	3	…

neunzehn

5 Zahlendiktat von 1 bis 20:
Legt mit den Zahlenkarten und schreibt auf.

Zahlenstraße bis 20

Wir knoten uns ein Zwanzigerseil

"Hier ist die 10!"

① Wo müssen Simsala und Bim die Zahlenkarten aufhängen?
Zeige auf dem Zwanzigerseil.

② a) Welche Zahl ist genau in der Mitte zwischen 0 und 10, 10 und 20?

b) Welche Zahlen hängen zwischen 5 und 12, 9 und 14, 11 und 17?

③ a) Welche Zahl kommt nach 4, 9, 10, 13, 16, 19, …?

Schreibe so:

4	5	
9		

 b) Stelle deinem Partner Aufgaben mit anderen Zahlen.

c) Welche Zahl kommt vor: 3, 7, 9, 12, 15, 20, …

Schreibe so:

2	3
	7

 d) Stelle deinem Partner Aufgaben mit anderen Zahlen.

④ Zeige diese Zahlen am Zwanzigerseil. Schreibe sie mit ihren Nachbarn auf.

	13		14		15	
			19			

a) 14   b) 3   c) 8   d) 19
   19   13   18   21
   17   15   10   28

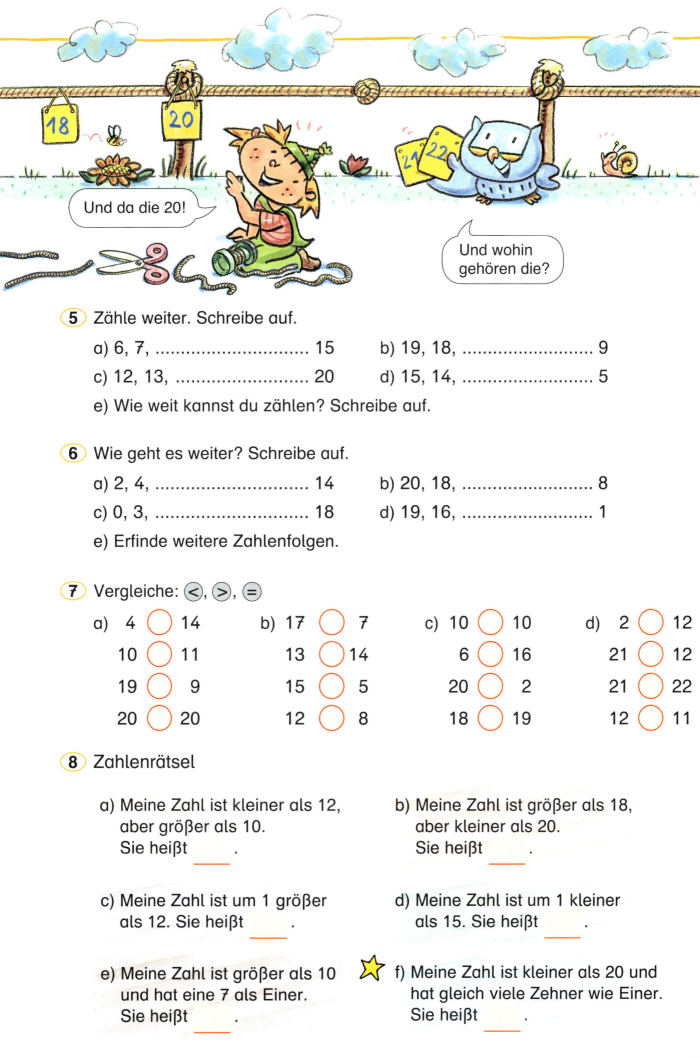

5 Zähle weiter. Schreibe auf.

a) 6, 7, ... 15   b) 19, 18, ... 9

c) 12, 13, ... 20   d) 15, 14, ... 5

e) Wie weit kannst du zählen? Schreibe auf.

6 Wie geht es weiter? Schreibe auf.

a) 2, 4, ... 14   b) 20, 18, ... 8

c) 0, 3, ... 18   d) 19, 16, ... 1

e) Erfinde weitere Zahlenfolgen.

7 Vergleiche: <, >, =

a) 4 ◯ 14   b) 17 ◯ 7   c) 10 ◯ 10   d) 2 ◯ 12
   10 ◯ 11   13 ◯ 14   6 ◯ 16   21 ◯ 12
   19 ◯ 9   15 ◯ 5   20 ◯ 2   21 ◯ 22
   20 ◯ 20   12 ◯ 8   18 ◯ 19   12 ◯ 11

8 Zahlenrätsel

a) Meine Zahl ist kleiner als 12, aber größer als 10. Sie heißt ____ .

b) Meine Zahl ist größer als 18, aber kleiner als 20. Sie heißt ____ .

c) Meine Zahl ist um 1 größer als 12. Sie heißt ____ .

d) Meine Zahl ist um 1 kleiner als 15. Sie heißt ____ .

e) Meine Zahl ist größer als 10 und hat eine 7 als Einer. Sie heißt ____ .

f) Meine Zahl ist kleiner als 20 und hat gleich viele Zehner wie Einer. Sie heißt ____ .

Den Zahlen bis 20 auf der Spur

AH S. 52

① Welche Zahlen fehlen noch?

② Nimm die Zahlenkarten von 1–20.
Ordne wie Bim.

③ Vergleiche die obere mit der unteren Reihe.
Was fällt dir auf? Erkläre.

⭐ Wie sieht die nächste Reihe aus?

④ Suche alle Zahlen mit
a) 8 Einern   b) 1 Zehner   c) 2 Zehnern

a) 8 Einer:
b) 1 Zehner:

Schreibe sie auf.

⑤ Wie heißen die fehlenden Zahlen? Schreibe auf.

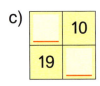

⑥ Und hier?

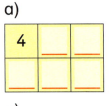
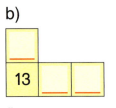
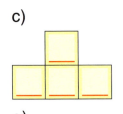
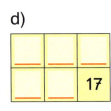
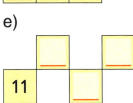
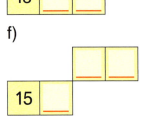
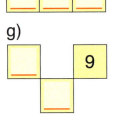
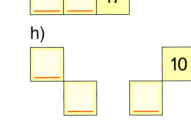

1	2	3	4	5	6	7	8	9	10
11	12	13	14		16	17	18	19	20

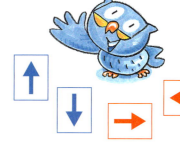

Ein Schild zeigt an: „Gehe einen Schritt in diese Richtung!" Sind immer alle Pfeile möglich?

7 a) Setze deinen Spielstein auf eine Zahl.
Dein Partner gibt dir einen Pfeil.
Gehe in diese Richtung.
Wo landest du?

b) Was fällt dir auf? Wie könntest du die Schilder beschriften?

8 Gehe in die Richtung, die das Schild zeigt. Schreibe die Rechnung auf.

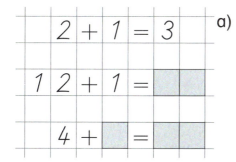

a)

2   12   4   14
16 17 18 19

b)

20 10 16   6
 7   6   5   4

c)

1 2 3 4
9 7 5 8

d)

11 12 13 14
20 19 18 17

Ich stehe auf 12. Und nun?

9 Wege – Aufgaben. Wo landest du?

a) Du stehst auf 15.
Gehe einen Schritt nach rechts.

b) Du stehst auf 7. Gehe einen Schritt nach unten und einen Schritt nach rechts.

c) Du stehst auf 17. Gehe einen Schritt nach links und einen Schritt nach oben.

d) Du stehst auf 20. Gehe einen Schritt nach oben, einen Schritt nach links und einen Schritt nach unten.

Verwandte Aufgaben

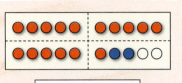

6 + 2 = 8, das kann ich schon.

... und diese vielleicht auch schon. Die Aufgaben sind verwandt.

6 + 2 = 8   16 + 2 =

1 Erkläre am Zwanzigerfeld, was Simsala mit „verwandt" meint.

2 Suche die verwandten Aufgaben. Rechne.

| 2 + 6 = | 3 + 1 = | 5 + 4 = | 17 + 3 = | 15 + 4 = |

| 7 + 3 = | 4 + 2 = | 12 + 6 = | 13 + 1 = | 14 + 2 = |

3 Suche die kleinen Aufgaben dazu. Rechne.

Die kleine Aufgabe hilft dir beim Rechnen.

a) 14 + 3 =
4 + 3 =

17 + 2 =

_____

11 + 9 =

_____

b) 16 + 2 =
6 + 2 =

10 + 4 =

_____

15 + 0 =

_____

c) 14 + 5 =

_____

15 + 5 =

_____

16 + 2 =

_____

4 Denke an die kleine Aufgabe.

a) 11 + 3 =
11 + 7 =
11 + 0 =
11 + 2 =

b) 12 + 3 =
12 + 5 =
12 + 6 =
12 + 2 =

c) 5 + 15 =
6 + 13 =
7 + 13 =
8 + 11 =

d) 3 + 11 =
4 + 12 =
5 + 13 =
6 + 14 =

9 – 4 = 5

19 – 4 = ___

5 Erkläre am Zwanzigerfeld, was Simsala mit „verwandt" meint.

6 Suche die verwandten Aufgaben. Rechne.

| 5 – 2 = ___ | 5 – 4 = ___ | 7 – 1 = ___ | 13 – 3 = ___ | 18 – 3 = ___ |
| 3 – 3 = ___ | 8 – 3 = ___ | 15 – 2 = ___ | 15 – 4 = ___ | 17 – 1 = ___ |

7 Suche die kleinen Aufgaben dazu. Rechne.

a) 18 – 6 = ___
   8 – 6 =
   17 – 2 = ___
   _____
   15 – 0 = ___
   _____

b) 19 – 2 = ___
   _____
   14 – 1 = ___
   _____
   18 – 3 = ___
   _____

c) 20 – 5 = ___
   _____
   20 – 2 = ___
   _____
   20 – 7 = ___
   _____

Wie heißt hier die kleine Aufgabe?

8 Denke an die kleine Aufgabe.

a) 15 – 4 = ___
   16 – 4 = ___
   17 – 4 = ___
   18 – 4 = ___

b) 16 – 5 = ___
   16 – 4 = ___
   17 – 4 = ___
   16 – 3 = ___

c) 16 – 3 = ___
   18 – 4 = ___
   18 – 5 = ___
   19 – 5 = ___

d) 15 – 5 = ___
   16 – 4 = ___
   17 – 3 = ___
   18 – 2 = ___

Mit dem Spiegel zaubern

① Verzaubert diese Bilder mit dem Spiegel. Sprecht darüber.

② Zaubere mit dem Spiegel:

a) Viele Äpfel oder gar keine Äpfel,

b) Eulalia mit 2 Geldscheinen oder ohne Geld.

c) Malt selbst ein Bild und zaubert mit dem Spiegel.

S. 55

Viele Möglichkeiten

① Simsala hat 2 Zauberhüte und 2 Zaubermäntel.
So zaubert sie damit.

a) Wie verändert sich Simsala bei jeder Zauberei?
b) Eine Möglichkeit hat Simsala noch.

② Die Geo-Kombi-Männchen.
Nimm deine Geoplättchen und lege damit unterschiedliche Kombi-Männchen.

a) Zeichne sie ins Heft. Du kannst dazu deine Schablone benutzen.
b) Vergleicht eure Lösungen. Wie viele Möglichkeiten habt ihr gefunden?

⭐ c)

Und wenn da noch ein Hut dazu kommt?

Verdoppeln

AH S. 56/57

1. Legt Plättchen und verdoppelt mit dem Spiegel. Rechnet.

2. Schreibe die Rechnungen auf.

a) 2 + 2 = ___   ___ + ___ = ___   ___ + ___ = ___   ___ + ___ = ___

b) ___ + ___ = ___   ___ + ___ = ___   ___ + ___ = ___   ___ + ___ = ___

3. Verdopple.

a) 4 + 4 = ___   b) 1 + 1 = ___   c) 5 + 5 = ___

6 + 6 = ___   8 + 8 = ___   3 + 3 = ___

2 + 2 = ___   7 + 7 = ___   9 + 9 = ___

4. Spielt „Finger spiegeln".
Du zeigst eine Zahl. Dein Partner zeigt die gleiche Anzahl. Wie viele sind es zusammen?

und halbieren

5 Halbiere.

a)
8 = 4 + 4   10 = __ + __   __ = __ + __   __ = __ + __

b)
__ = __ + __   __ = __ + __   __ = __ + __   __ = __ + __

6 Halbiere.

So stelle ich mir das vor.

a) 14 = __ + __   b) 18 = __ + __   c) 10 = __ + __

6 = __ + __   16 = __ + __   8 = __ + __

2 = __ + __   20 = __ + __   12 = __ + __

7 Suche Zahlen, die du halbieren kannst. Schreibe so:

12 = 6 + 6

15 geht nicht

8 Verdopple und halbiere in deinem Lernheft.

Schreibe so: 1 + 1 = 2   2 = 1 + 1

9 Kannst du auch diese Zahlen verdoppeln?   11, 15, 20, 50, …
        … und halbieren?   24, 40, 50, 80, 100, …

Schreibe auf.

Nachbaraufgaben

AH S. 58

1 Bim hat die Verdopplungsaufgabe verändert. Erkläre.

4 + 5 = ___
5 + 5 = ___
6 + 5 = ___

5 + 4 = ___
5 + 5 = ___
5 + 6 = ___

2 Verdopplungsaufgaben und ihre Nachbaraufgaben

a)
5 + 6 = ___   6 + 5 = ___   8 + 9 = ___   9 + 8 = ___
6 + 6 = ___   6 + 6 = ___   9 + 9 = ___   9 + 9 = ___
7 + 6 = ___   6 + 7 = ___   10 + 9 = ___   9 + 10 = ___

b)
___ + ___ = ___   ___ + ___ = ___
3 + 3 = ___   3 + 3 = ___
___ + ___ = ___   ___ + ___ = ___

c)
___ + ___ = ___   ___ + ___ = ___
8 + 8 = ___   8 + 8 = ___
___ + ___ = ___   ___ + ___ = ___

3 Nachbaraufgaben gesucht. Schreibe ins Heft.

a) 4 + 4   b) 2 + 2   c) 7 + 7   d) 10 + 10   e) ?

4 Welche Verdopplungsaufgabe hilft? Schreibe beide Rechnungen auf.

a) 5 + 6 = ___   b) 6 + 7 = ___   c) 7 + 6 = ___
   9 + 10 = ___   9 + 8 = ___   7 + 8 = ___
   8 + 9 = ___   6 + 5 = ___   8 + 7 = ___

Verdopplungsaufgaben bis 20 solltest du auswendig können!

88

und Rechenfamilien

Simsala erfindet Rechenfamilien.

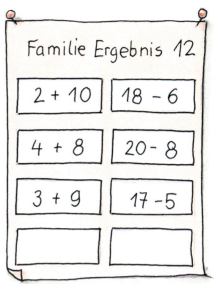

5 Welche Rechnungen findest du noch? Schreibe sie auf.

6 Finde viele Aufgaben zu diesen Rechenfamilien.

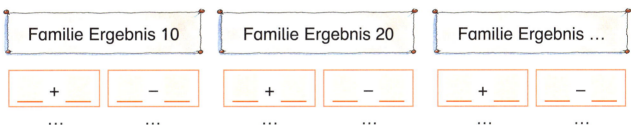

Familie Ergebnis 10	Familie Ergebnis 20	Familie Ergebnis …
__ + __ __ − __	__ + __ __ − __	__ + __ __ − __
… …	… …	… …

7 Ergänze die Aufgaben so, dass sie zur Familie passen.

a) Familie Ergebnis 13

__ + 2	13 − __
9 + __	__ − 4
__ + 10	15 − __
5 + __	__ − 3
__ + 6	20 − __
__ + __	__ − __

b) Familie Ergebnis 9

6 + __	10 − __
__ + 7	__ − 4
8 + __	12 − __
__ + 0	__ − 5
4 + __	20 − __
__ + __	__ − __

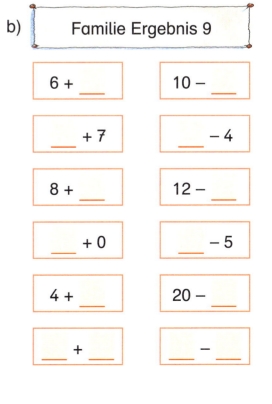

Rechnen über die 10

AH S. 59

Simsala ordnet Plus-Aufgaben.

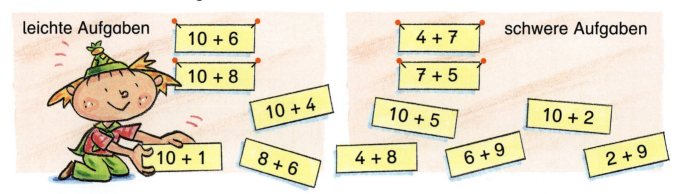

1) Wie ordnet Simsala?
   a) Welche Aufgaben sind für sie leicht, welche schwer?
   b) Ordne wie Simsala. Schreibe so:

leicht	schwer
10 + 6	4 + 7
10 + 8	7 + 5

2) So zeichnet und schreibt Simsala ihre schweren Aufgaben:

 Zur 10 auffüllen!

 Zwischenstopp bei 10.

Zeichne und rechne wie Simsala.

a) 5 + 7 = ___   5 + 9 = ___   5 + 6 = ___
   5 + 5 + 2 = ___   5 + ___ + ___ = ___ 5 + ___ + ___ = ___

b) 7 + 8 = ___   6 + 9 = ___   8 + 7 = ___
   ___ + ___ + ___ = ___   ___ + ___ + ___ = ___   ___ + ___ + ___ = ___

3) Es geht auch kürzer. Schreibe so.

a) 3 + 8 = ___   7 + 4 = ___   6 + 5 = ___   8 + 3 = ___
      7

b) 6 + 8 = ___   7 + 6 = ___   8 + 4 = ___   9 + 2 = ___

4) Rechne Simsalas schwere Aufgaben von Nr. 1.

5) Erfinde selbst Aufgaben mit Zwischenstopp bei 10.

Bim ordnet Minus-Aufgaben.

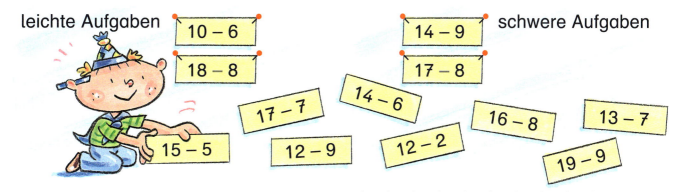

6 Wie ordnet Bim?
a) Welche Aufgaben sind für ihn leicht, welche schwer?
b) Ordne wie Bim. Schreibe so:

leicht	schwer
1 6 – 6	1 4 – 9
1 8 – 8	1 7 – 8

7 So zeichnet und schreibt Bim seine schweren Aufgaben:

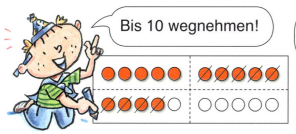

Bis 10 wegnehmen! Zwischenstopp bei 10.

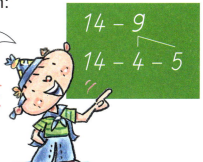

14 – 9
14 – 4 – 5

Zeichne und rechne wie Bim.

a) 15 – 6 = ___   11 – 6 = ___   13 – 8 = ___
   15 – 5 – 1 = ___   ___ – ___ – ___ = ___   ___ – ___ – ___ = ___

b) 12 – 7 = ___   15 – 9 = ___   15 – 7 = ___
   ___ – ___ – ___ = ___   15 – ___ – ___ = ___   15 – ___ – ___ = ___

8 Es geht auch kürzer. Schreibe so.

a) 14 – 5 = ___   16 – 7 = ___   12 – 3 = ___   13 – 4 = ___
   4

b) 13 – 6 = ___   12 – 4 = ___   11 – 2 = ___   14 – 8 = ___

9 Rechne Bims schwere Aufgaben von Nr. 6.

10 Erfinde selbst Aufgaben mit Zwischenstopp bei 10.

Kleines Geld: Cent (ct)

① Vergleiche die Münzen.
Welche Rückseite gehört zu welcher Münze?

② Lege die Beträge mit möglichst wenigen Münzen. Schreibe auf.

a) 1 ct , 2 ct , 3 ct , 4 ct , 5 ct , … 10 ct ,

b) 11 ct , 12 ct , 13 ct , 14 ct , 15 ct , … 20 ct .

1 ct	①	
2 ct	②	
3 ct	②	①

Ich brauche höchstens 4 Münzen.

Hat Bim Recht?

★ Findest du Beträge, die man nicht mit 4 Münzen legen kann?

③ 10 erreicht – gewonnen!

Spielt so: Wer zu 10 ct auffüllt, gewinnt ein -Stück.

Wer gewinnt die meisten -Stücke?

2 Cent dazu … gewonnen!

4 Wie viel Geld ist es? Zähle geschickt.

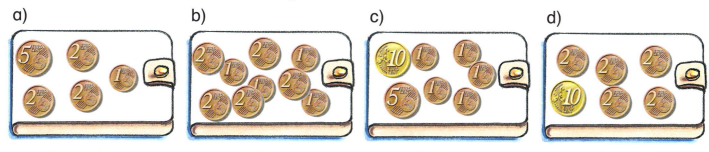

Legt selbst Beträge und schreibt die Ergebnisse auf.

5 Geld schnell gezählt.

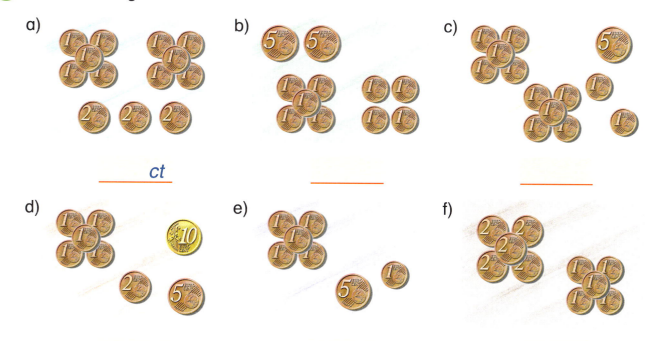

ct

g) Lege Beträge so, dass dein Partner sie schnell zählen kann.

6 Welche Münzen fehlen? Ergänze.

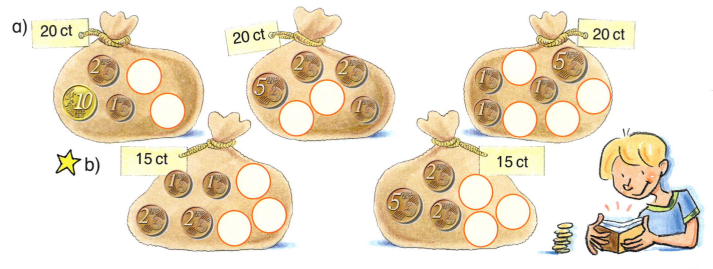

Fragen und Antworten

AH S. 61/62

1 Finde Fragen. Kannst du sie beantworten?

Wie viele?   Wo?   Wann?   Woher?

Welche?   ?   Warum?

Welche Fragen kannst du durch Zählen oder durch Rechnen beantworten?

2 Beantworte diese Fragen:

a) Wie viele Kinder sind im Sandkasten?

> 2 a) Es sind ... Kinder.

b) Wo sind die meisten Kinder?
c) Wie viele Kinder sind es insgesamt?
d) Wie viele Kinder sind auf dem Klettergerüst?
e) Wie viele Jungen sind es mehr als Mädchen?

Stellt noch mehr Fragen zum Bild.

③ Andere Spielplatzgeschichten. Finde Fragen, rechne und antworte.

a) 5 Kinder sind im . Es kommen 3 dazu.

 Wie viele Kinder sind es dann?

$5 + 3 = \square$

Dann sind es ____ Kinder.

b) Am 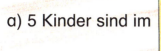 waren 10 Kinder.
Jetzt sind es nur noch 3.

c) Auf der 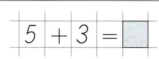 waren 6 Kinder.
Jetzt sind es nur noch 2.

d) 7 Kinder sind auf dem .
4 springen herunter.

e) 11 Kinder sind auf dem .
5 gehen nach Hause.

f) Auf der sind 4 Kinder. Im  5 und auf dem  2.

★ g) Am  sind 9 Kinder. Das sind 2 mehr als im .

④ Finde zu jedem Bild mehrere Fragen. Rechne und antworte.

a)

b)

Rechengeschichten sammeln

AH S.63

① Erzählt mit diesen Wörtern Rechengeschichten.
Schreibt die Rechnungen auf. | 1 | 0 | + | 5 | = | 1 | 5 |

② Schreibt oder malt Rechengeschichten zu schenkt oder kauft .

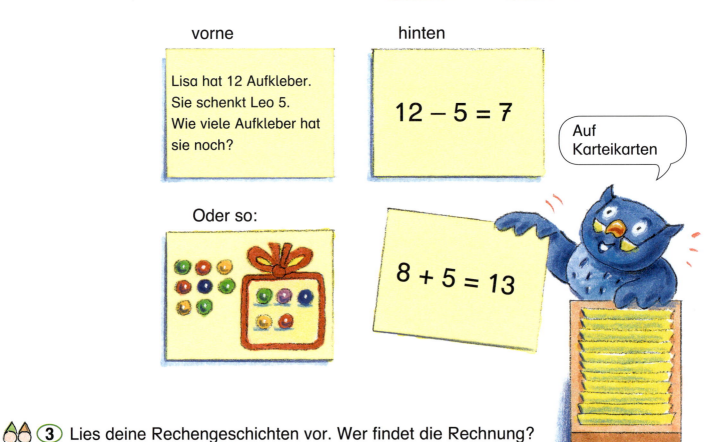

③ Lies deine Rechengeschichten vor. Wer findet die Rechnung?

④ Schreibt weitere Geschichten zu Tieren, Sport, …

5) Rechengeschichten von anderen Kindern: Rechne.

a) Stefan hat 9 weiße Mäuse.
   Sie bekommen 8 Junge.

   9 + ___ = ___

b) In der Kiste sind 20 Flaschen.
   Die Kinder trinken alle aus.

c) Hanna hat 15 Murmeln.
   Sie gibt 6 davon her.
   Wie viele hat sie noch?

d) Lisa hat 8 Bonbons.
   Ali hat 6. Wie viele
   Bonbons hat Lisa mehr?

e) Eine Mannschaft hat schon 11 Spieler.
   Die andere hat erst 5. Sie sollen gleich
   groß werden. Wie viele Spieler müssen
   dazukommen?

f) 18 Kinder sitzen im Bus.
   3 steigen aus.

6) Aus der Sachrechnenkartei. Erzähle Rechengeschichten und rechne.

a)

b)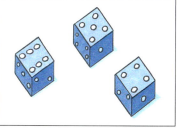

7) Male oder schreibe zu diesen Rechnungen.

  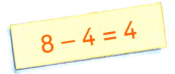

7 + 5 = 12   7 + 2 = 9   8 − 4 = 4

Rechenwege und Rechentricks

AH S.64/65

① Wie haben die Kinder gerechnet?

② Wie rechnest du?

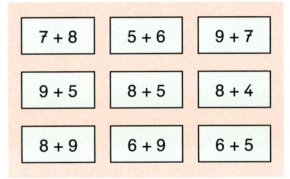

Rechne und erkläre deinen Weg.

③ Bim hat seine Plusaufgaben nach Rechenwegen sortiert. Weißt du nach welchen? Erkläre und rechne.

a) 7 + 6
    6 + 5
    8 + 7

b) 4 + 7
    2 + 9
    3 + 8

c) 9 + 4
    6 + 9
    7 + 9

d) 8 + 5
    8 + 3
    7 + 5

⭐ Finde jeweils weitere Aufgaben.

④ Wie löst du diese Aufgaben? Erkläre.

a) 8 + 9
    7 + 8
    6 + 3

b) 9 + 8
    7 + 9
    4 + 9

c) 9 + 9
    9 + 11
    5 + 6

d) 6 + 9
    5 + 8
    4 + 8

e) 3 + 9
    8 + 9
    5 + 7

5 Wie haben die Kinder gerechnet?

6 Wie rechnest du?

13 – 9	17 – 9	13 – 7
12 – 6	18 – 9	12 – 3
14 – 6	14 – 7	15 – 9

Rechne und erkläre deinen Weg.

7 Auch Simsala hat ihre Aufgaben nach Rechenwegen sortiert.
Weißt du nach welchen? Erkläre und rechne.

a) 14 – 7
    16 – 8
    20 – 10

b) 13 – 6
    15 – 7
    17 – 9

c) 15 – 9
    16 – 9
    12 – 9

18 – 9

Und was mache ich mit dieser Aufgabe?

 Finde jeweils weitere Aufgaben.

8 Wie löst du diese Aufgaben? Erkläre.

a) 15 – 8
    13 – 9
    10 – 5

b) 18 – 3
    11 – 6
    20 – 10

c) 12 – 7
    11 – 8
    18 – 9

d) 13 – 4
    8 – 4
    13 – 8

e) 13 – 7
    15 – 9
    12 – 6

Bist du fit?

AH S. 66

1) Zahlen im Zwanzigerfeld

a)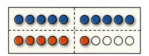
1 Z 3 E = 10 + 3 = 13

b)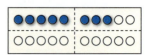
__ Z __ E = __ + __ = __

c) __ Z __ E = __ + __ = __

d) __ Z __ E = __ + __ = __

2) Ordne die Zahlen nach der Größe.

14   11   9   12   17   20   13   10

3) Im Zwanzigerfeld – Wie heißen die fehlenden Zahlen?

a) 8, 9 / 18, __
b) __, 8 / __, 18
c) __, 10 / 19, __
d) __, __ / 12, __
e) __, 7 / __, __
f) __, __ / __, __

4) Immer eine große und eine kleine Aufgabe gehören zusammen.

16 – 3 = __   13 + 4 = __   6 – 3 = __   4 + 5 = __

14 + 5 = __   9 – 5 = __

17 – 6 = __   19 – 5 = __   7 – 6 = __   3 + 4 = __

5) Die kleine Aufgabe hilft.

Setze die Muster fort!

a) 13 + 4 = __   b) 15 – 3 = __   c) 19 – 5 = __   d) 13 + 6 = __

11 + 7 = __   18 – 5 = __   13 + 5 = __   18 – 8 = __

12 + 5 = __   16 – 4 = __   20 – 7 = __   14 + 6 = __

100

6 Verdopplungsaufgaben und ihre Nachbaraufgaben.

___ + ___ = ___	___ + ___ = ___	___ + ___ = ___	___ + ___ = ___
7 + 7 = ___	6 + 6 = ___	8 + 8 = ___	5 + 5 = ___
___ + ___ = ___	___ + ___ = ___	___ + ___ = ___	___ + ___ = ___

7 Rechentipp: Verdopplungsaufgabe

7 + 6 = ___   8 + 7 = ___   6 + 5 = ___   8 + 9 = ___

8 Rechentipp: Nahe an der 10

9 + 5 = ___   6 + 9 = ___   16 − 9 = ___   13 − 9 = ___

10 + ___ = ___   ___ + ___ = ___   ___ − ___ = ___   ___ − ___ = ___

9 Rechentipp: Zwischenstopp bei 10

a) 7 + 5 = ___   8 + 6 = ___   6 + 7 = ___   8 + 4 = ___

    3 2

b) 14 − 8 = ___   16 − 7 = ___   15 − 6 = ___   17 − 8 = ___

10 Rechne auf deinem Weg.

a) 9 + 7 = ___   b) 4 + 7 = ___   c) 15 − 7 = ___   d) 11 − 4 = ___

   7 + 6 = ___   8 + 9 = ___   13 − 9 = ___   17 − 9 = ___

   8 + 5 = ___   3 + 8 = ___   14 − 6 = ___   16 − 8 = ___

Wege zum Piratenschatz

  S. 67/68

① Wo ist der Schatz versteckt?
Beschreibe den Weg zum Schatz.

② Was kannst du auf dem Bild noch entdecken?
Erzähle.

③ Malt ein Bild zur Schatzsuche.
Tauscht eure Bilder.
Beschreibt die Wege.

④ Das Klassenzimmer als Schatzinsel:

Ein Kind geht hinaus.
Der Schatz wird versteckt.
Das Kind soll den Schatz mit eurer Hilfe finden.

Beschreibt einen kurzen oder einen langen Weg.

auf – über – hinter – zwischen – neben

Wer findet die Maus im Bild?

5 Das Schatzkartenspiel

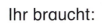 Wer kommt am schnellsten zum Schatz?

Ihr braucht:  und

nach unten   nach unten, dann nach rechts   nach unten, dann nach links

So geht es: – Kärtchen verdeckt hinlegen.
             – Spielsteine auf die Boote stellen.
             – Der Jüngste beginnt. Ein Kärtchen aufdecken.
             – Den aufgezeichneten Weg gehen oder das Kärtchen zuerst drehen, dann gehen.

Dreh deine Kärtchen.

nach …   nach …   nach …   nach …   nach …   nach …   nach …   nach …   nach …

Vorwärts und rückwärts auf dem Zahlenstrahl

AH S. 69

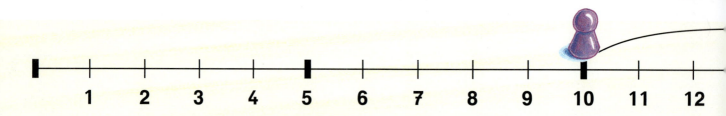

1 Spiel: Startet bei 10. Zieht immer eine Plus- und eine Minuskarte. Springt. Wer erreicht die größte Zielzahl? Spielt auch mit anderen Startzahlen.

+8 +4 +3 −2 −3 −6

2 Wie heißt die Zielzahl? Kontrolliere mit dem Zahlenstrahl.

a) 1 (+4) = ___   b) 10 (−1) = ___   c) 12 (+3) = ___   d) 19 (−3) = ___

3 (+2) = ___   9 (−3) = ___   9 (+2) = ___   13 (−3) = ___

7 (+3) = ___   4 (−4) = ___   8 (+4) = ___   14 (−2) = ___

8 (+2) = ___   7 (−6) = ___   7 (+7) = ___   11 (−2) = ___

3 Plus- oder Minuskarte?

Überlege: Woran erkennst du + oder − ?

a) 5 ( ) = 7   b) 2 ( ) = 6   c) 12 ( ) = 15   d) 18 ( ) = 17

9 ( ) = 7   18 ( ) = 16   17 ( ) = 13   4 ( ) = 7

10 ( ) = 6   9 ( ) = 11   19 ( ) = 20   12 ( ) = 10

1 ( ) = 3   18 ( ) = 14   21 ( ) = 20   14 ( ) = 12

4 Schreibe die Rechnung zum Bild auf.

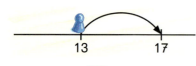
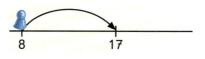

13 (+4) = 17   8 ( ) = ___   ___ ( ) = ___

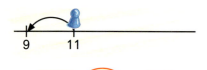
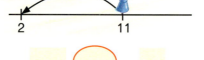
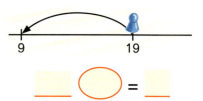

11 (−) = ___   ___ ( ) = ___   ___ ( ) = ___

5 Umkehren: Springe zurück zur Startzahl.
Schreibe Aufgabe und Umkehraufgabe auf.

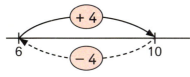
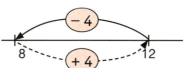

$6 + 4 = 10$ $12 - 4 = 8$
$10 - 4 = 6$ $8 + 4 = 12$

a)    b)

c)    d)

e)    f)

6 Finde die Startzahl mithilfe der Umkehraufgabe.

a)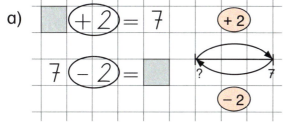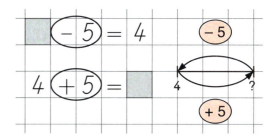

b) ___ + 7 = 16   ___ + 5 = 20   ___ + 4 = 12
   16 − 7 = ___   20 − 5 = ___   12 − 4 = ___

c) ___ − 9 = 7   ___ − 7 = 8   ___ − 5 = 11
   7 + ___ = ___   ___ ○ ___ = ___   ___ ○ ___ = ___

d) ___ + 6 = 14   ___ − 8 = 4   ___ + 7 = 16
   ___ ○ ___ = ___   ___ ○ ___ = ___   ___ ○ ___ = ___

Rechenrätsel mit Murmeln

AH S. 70/71

1 Wie viele Murmeln waren im Sack?

___ +2 = 11

Warum schreibt Simsala so?

Beim Rechnen hilft mir die Umkehraufgabe.

2 a) Ich habe einige Murmeln im Sack. Ich gebe 12 dazu. Nun habe ich 20.

___ ○ = ___

Ich habe einige Murmeln im Sack. Ich gebe 6 dazu. Nun habe ich 12.

___ ○ = ___

b) Ich habe einige Murmeln im Sack. Ich nehme 5 weg. Jetzt habe ich 12.

___ ○ = ___

Ich habe einige Murmeln im Sack. Ich nehme 8 heraus. Nun habe ich 4.

___ ○ = ___

★ c) Leon bekommt noch 8 Murmeln von Stefan. Clara schenkt ihm 6. Jetzt hat Leon 22.

___ ○ ○ = ___

Paul bekommt 7 Murmeln. 5 Murmeln verschenkt er. Jetzt hat Paul 21.

___ ○ ○ = ___

3 Erfindet passende Rätsel und rechnet.

a) ___ + 5 = 12   b) ___ − 2 = 18   c) ___ + 12 = 17   d) ___ − 9 = 8

   ___ − 2 = 7   ___ + 6 = 15   ___ − 4 = 11   ___ + 8 = 16

④ Was ist passiert?

15 −  = 9

Warum schreibt Bim so?

⑤ a) Es sind 17 Murmeln im Sack. Simsalabim. Nun sind es 11.

___ ◯ = ___

Es sind 20 Murmeln im Sack. Simsalabim. Nun sind es 7.

___ ◯ = ___

b) Es sind 9 Murmeln im Sack. Simsalabim. Nun sind es 14.

___ ◯ = ___

Es sind 10 Murmeln im Sack. Simsalabim. Nun sind es 19.

___ ◯ = ___

⭐ c) Marek hatte 13 Murmeln. Von Jule bekommt er 8. Amelie schenkt er einige Murmeln. Jetzt hat er noch 16.

___ ◯ ◯ = ___

⑥ Erfindet passende Rätsel und rechnet.

a) 3 + ___ = 11 b) 15 − ___ = 12 c) 14 − ___ = 8 d) 15 + ___ = 20

5 + ___ = 12 16 − ___ = 11 15 − ___ = 7 16 + ___ = 20

Fensterbilder

① Stelle selbst solche Figuren her. Was haben sie gemeinsam?

Das ist eine Faltachse.

② Gestalte selbst Fensterbilder.
Falte, zeichne und schneide aus.

Eine Hälfte genau wie die andere?

3 Wie sehen die Bilder vollständig aus?
Benutze den Spiegel.

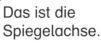
Das ist die Spiegelachse.

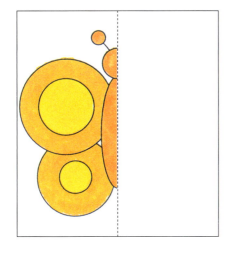

4 Sind beide Hälften gleich?
Prüfe mit dem Zauberspiegel.

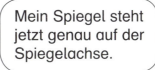
Mein Spiegel steht jetzt genau auf der Spiegelachse.

Wahrscheinlich – unmöglich

AH S. 73

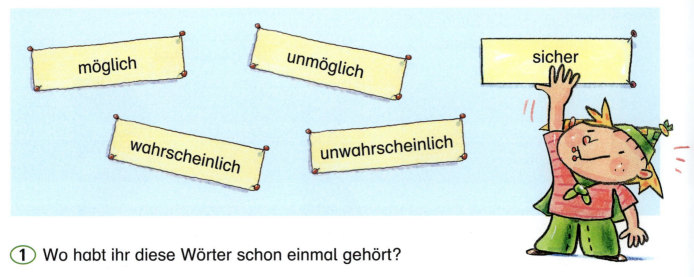

① Wo habt ihr diese Wörter schon einmal gehört?

a) Sammelt eure Ergebnisse:

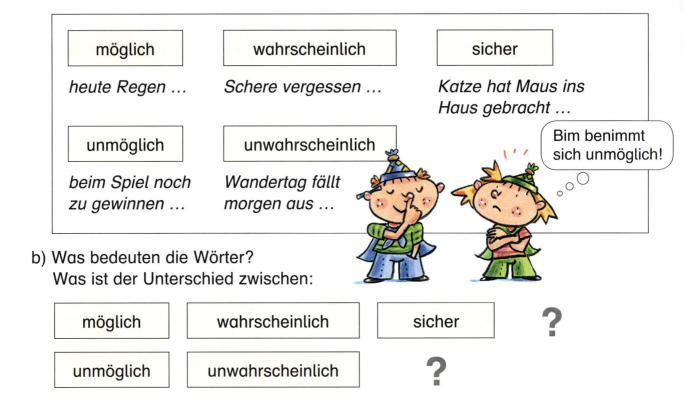

b) Was bedeuten die Wörter?
Was ist der Unterschied zwischen:

② Was sagst du dazu? Kann das sein?

a) Wahrscheinlich machen wir in diesem Schuljahr noch einen Wandertag.

b) Es ist sicher, dass jedes Kind eine Schwester hat.

c) Es ist unmöglich, dass wir heute noch ein Lied singen.

d) Es ist unwahrscheinlich, dass die Schule morgen um 12 Uhr beginnt.

⭐ e) Erfindet noch andere Sätze mit …

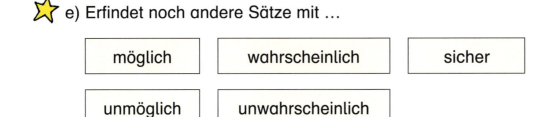

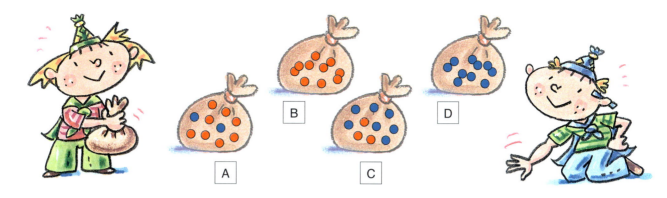

3 Simsala hat verschiedene Beutel mit blauen und roten Murmeln.
Bim möchte bei jedem Beutel eine blaue Kugel ziehen.

a) Welches Wort passt bei welchem Beutel?

| wahrscheinlich | sicher | unmöglich | unwahrscheinlich |

„Es ist _____ , dass Bim eine blaue Kugel zieht."

 b) Wählt einen Beutel und probiert selbst.
Legt die Murmel immer zurück.

Macht 20 Versuche und schreibt auf.

c) Hier wird gerade gezogen. Welcher Sack könnte es jeweils sein?

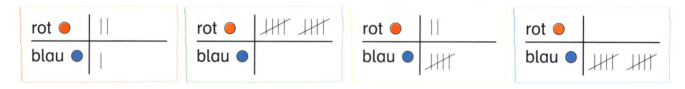

4 Dein Partner will eine blaue Kugel ziehen.
Wie musst du einen Beutel mit 10 Kugeln füllen, damit dies …

a) unmöglich ist?

b) sicher ist?

c) wahrscheinlich ist?

d) unwahrscheinlich ist?

e) möglich ist?

 Zeichne auf und probiere mit deinem Partner.

Gibt es manchmal auch mehrere Lösungen?

„Mehr wahrscheinlich – weniger wahrscheinlich?"

Rechendreiecke

1 Wie rechnen die Kinder? Erkläre.

2 Einfache Rechendreiecke

a)
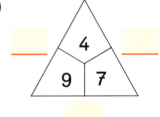 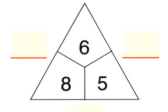 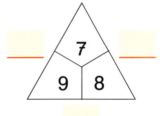

b)
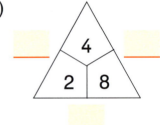 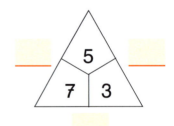 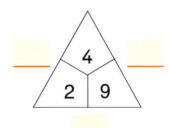

3 Wie löst du diese Dreiecke?

a)
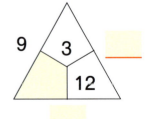 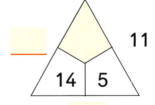 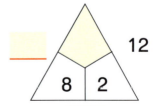

b)
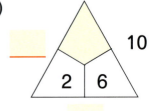 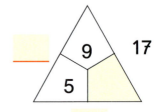 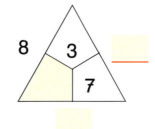

④ Nochmals andere Rechendreiecke

a)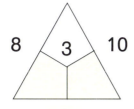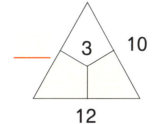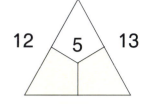

b)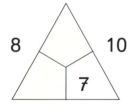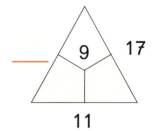

⑤ Lege und rechne.
a) Immer 10 Plättchen.

Zähle die Außenzahlen eines Dreiecks zusammen. Was fällt dir auf?

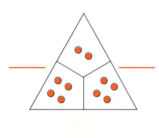 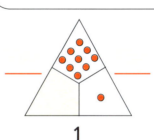 

b) Immer 15 Plättchen.

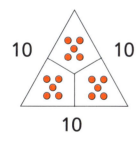 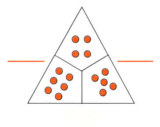 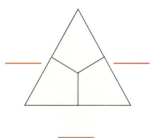

 ⑥ Knobeldreiecke

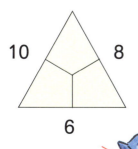 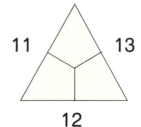 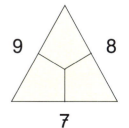

Erfinde selbst Rechendreiecke.

3 Kennst du beide Uhrzeiten?

a) ___ Uhr / ___ Uhr
b) ___ Uhr / ___ Uhr
c) ___ Uhr / ___ Uhr

vormittags: 11 Uhr
abends: 23 Uhr

d) ___ Uhr / ___ Uhr
e) ___ Uhr / ___ Uhr
f) ___ Uhr / ___ Uhr
g) ___ Uhr / ___ Uhr
h) ___ Uhr / ___ Uhr
i) ___ Uhr / ___ Uhr

4 Was machst du an diesen Wochentagen? Bestimme die Uhrzeit und zeichne.

Montag ___ Uhr

Dienstag ___ Uhr

Mittwoch ___ Uhr

Donnerstag ___ Uhr

Freitag ___ Uhr

Samstag ___ Uhr

Sonntag ___ Uhr

Sonntags um halb vier esse ich leckeren Kuchen.

115

Spiele aus China und Japan

AH S. 77

Tangram

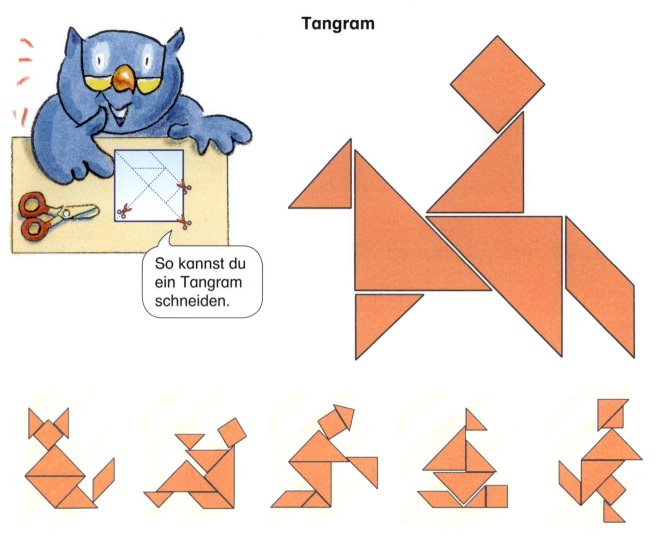

So kannst du ein Tangram schneiden.

① Lege die Figuren nach.

② Erfinde Figuren – dein Partner legt sie nach.

Tangram – extra schwer!

③ Tangram-Ideen

Mit anderen Kindern: Tangram-Zoo

Alleine: Eine Geschichte schreiben.

④ Aus welchen Formen besteht dein Tangram? Wie viele Formen hast du von jeder Sorte gebraucht?

Origami

Tipps:
1. Auf festem Untergrund falten.
2. Genau falten.
3. Kanten fest einstreichen.

Origami heißt „die Kunst des Papierfaltens".
Fast alle Figuren werden aus einem Quadrat gefaltet.

(5) So verwandelst du ein Rechteck in ein Quadrat.

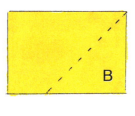 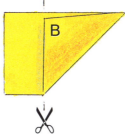

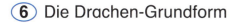

(6) Die Drachen-Grundform

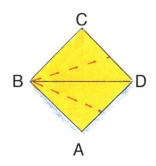 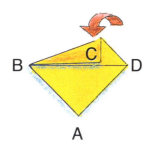 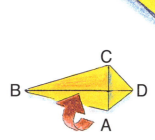

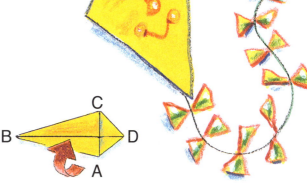

(7) Ein Vogelschwarm
Aus der Drachen-Grundform wird ein Pfeil …

… und dann ein Vogel.

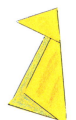

(8) Malt die fehlenden Augen und Beine.

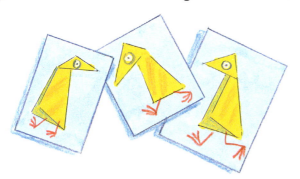

Ihr könnt miteinander ein Plakat gestalten oder eine Geschichte über eure Vögel schreiben …

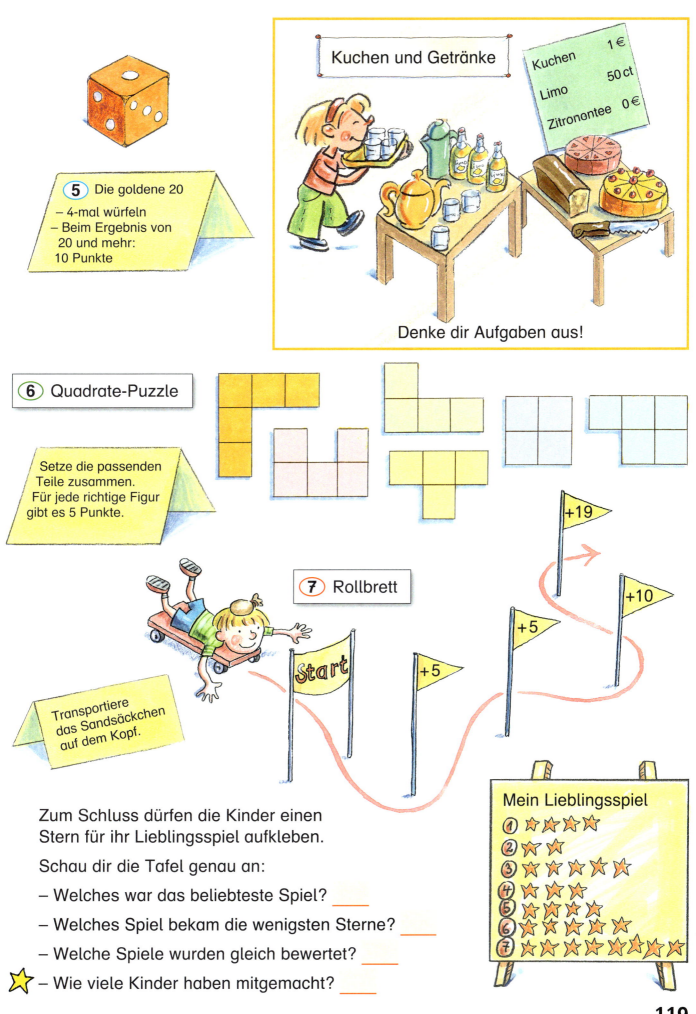

Abschied von der 1. Klasse

1 Schreibe die Zahlen auf

1Z 7E = 17   1Z 4E = ___
1Z 9E = ___   1Z 5E = ___
2Z 0E = ___   2Z 3E = ___

Schöne Ferien!

2 Setze die Zahlenfolgen fort

a) 2, 5, 8, _____ 20
b) 3, 6, 5, 8, _____ 18
c) 21, 19, 17, _____ 5
d) 20, 17, 19, 16, _____ 12

3 >, <, = ?

a) 1Z 5E ◯ 14
   1Z 8E ◯ 8
   1Z 0E ◯ 10

b) 20 ◯ 1Z 6E
   20 ◯ 2Z
   20 ◯ 2Z 1E

c) 8 + 3 ◯ 10
   6 + 6 ◯ 12
   9 + 9 ◯ 20

4 Ergänze

Haus 10: 5 / __, __ / 2, 7 / __, __ / 6, 1 / __
Haus 9: 2 / __, __ / 4, 6 / __, __ / 8, 3 / __, __ / 1
Haus 8: 4 / __, __ / 2, 1 / __, __ / 5, 7 / __, __ / 3
Haus 20: 10 / __, __ / 2, 6 / __, __ / 5, 8 / __, __ / 1, 4 / __
Haus 15: 5 / __, __ / 12, 8 / __, __ / 4, 3 / __, __ / 9

5 3 Zahlen – 4 Aufgaben: Finde beide Möglichkeiten.

6, 8, ?
8, 11, ?
1, 12, ?
10, 11, ?
5, 12, ?
14, 5, ?
7, 8, ?

6 Ordne nach der Größe

19, 9, 21, 12, 2, 5, 15, 1, 16, _____

20, 14, 4, 10, 7, 3, 13, 11, 21 _____

7
| 7 + 2 = ___ | 6 + 4 = ___ | 3 + 5 = ___ | 9 + 1 = ___ | 4 + 4 = ___ |
| 17 + 2 = ___ | 16 + 4 = ___ | 13 + 5 = ___ | 19 + 1 = ___ | 14 + 4 = ___ |

| 1 + 8 = ___ | 2 + 6 = ___ | 10 + 2 = ___ |
| 11 + 8 = ___ | 12 + 6 = ___ | 20 + 2 = ___ |

Auf Wiedersehen in der 2. Klasse!

8 Verdopple oder halbiere.

| 3 | ___ | | 2 | 4 | ___ | ___ |
| ___ | 12 | 18 | ___ | ___ | 16 | 14 |

9

a) 20 − 6 = ___
19 − 7 = ___
18 − 8 = ___
17 − 9 = ___
…

b) 2 + 17 = ___
3 + 15 = ___
4 + 13 = ___
5 + 11 = ___
…

c) 10 − 3 = ___
20 − 6 = ___
10 − 4 = ___
20 − 8 = ___
…

d) 10 + 5 = ___
10 − 5 = ___
9 + 4 = ___
9 − 4 = ___
…

10 Setze + oder − richtig ein

6 ◯ 4 = 10 ◯ 8
3 ◯ 5 = 4 ◯ 4
12 ◯ 3 = 20 ◯ 5
18 ◯ 6 = 6 ◯ 6
19 ◯ 1 = 20 ◯ 2

11 Ergänze

6 ___ = 20   17 ___ = 19
18 ___ = 11   12 ___ = 7
21 ___ = 12   10 ___ = 21
16 ___ = 20   19 ___ = 9

Auf geht's zum Hunderter

1 Vom Zwanzigerfeld zum Hunderterfeld.

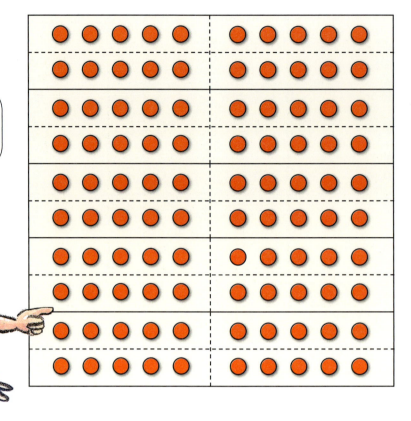

"5 Zwanzigerfelder ergeben ein Hunderterfeld!"

2 Rechne mit dem Hunderterfeld.

a) 10 + 10 = ____   20 + 20 = ____   50 + 50 = ____   50 + 20 = ____

    20 + 10 = ____   30 + 10 = ____   40 + 40 = ____   70 + 10 = ____

b) 100 − 10 = ____   40 − 20 = ____   80 − 30 = ____   90 − 20 = ____

    90 − 10 = ____   60 − 20 = ____   60 − 30 = ____   70 − 20 = ____

3 Wo hängen die anderen Zahlen?

4 Trage die Zahlen bis 20 ein. Schaffst du es auch bis 100?

1	2	3							10
		13							20
21	22								
	32		34				38		
		43		45	46				
51						57	58		
61		63						69	
	72				76				
		83					88		90
				95					100

Im Zwanziger kenne ich mich aus!

5 Nachbarn

| __ | 7 | __ | | 21 | __ | __ |

| __ | __ | 18 | | __ | 33 | __ |

| __ | 8 | __ | | 88 | __ | __ |

6 Bilde Zahlen mit diesen Karten.

| 6 0 | | 4 0 | | 1 0 | | 7 | 4 | 8 |

 __ + __ = __   __ + __ = __   60 + 7 = 67

 __ + __ = __   __ + __ = __   __ + __ = __

7 Zahlenmauern.

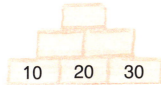
10 20 30

              90
         40
    30

100

10 füttert!
(2–4 Spieler)

Spielregel:

Je 5 Spielsteine (z. B. Plättchen, Kastanien), 2 Würfel

Rechne die Würfelaugen zusammen und besetze das Feld. Liegt dort schon eine Spielfigur, muss sie wieder zurückgenommen werden und deine wird auf das Feld gelegt. Würfelst du eine 10, dann darfst du das Mumpel mit einem deiner Spielsteine füttern. Auf die 10 dürfen alle Steine für immer abgelegt werden.
Wer als Erster keine Spielfiguren mehr hat, gewinnt.